大展好書　好書大展
品嘗好書　冠群可期

大展好書　好書大展
品嘗好書　冠群可期

陳式太極拳 6

正宗
陳氏太極拳養生功

附 DVD

■陳斌 著

大展出版社有限公司

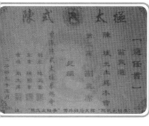

首屆國際陳氏太極拳高級培訓班留念

第二屆國際陳氏太極拳高級培訓班留念

第三屆國際陳氏太極拳高級培訓班留念

第四屆國際陳氏太極拳高級培訓班留念

热烈欢迎第五届陈氏太极拳高级培训班全体学员

热烈欢迎第六届陈氏太极拳高级培训班全体学员

热烈欢迎第七届国际陈氏太极拳高级培训班全体学员

2005. 8. 18

热烈祝贺 第二届中国陈家沟太极功夫精英赛 第八届国际陈氏太极拳高级培训班 隆重举行

热烈祝贺第十届国际陈氏太极拳高级培训隆重举行 2008.06

热烈祝贺第十一届国际陈氏太极拳培训班隆重举行

武以修身，文以煉心；乃文乃武，是爲太極

　　文武雙修，對於中國人來講，是永遠難以割捨的情結。太極拳堪稱中華武學之巔峰。它外可強健體魄，振奮精神；內可修心練氣，完善自我。更爲可貴的是，太極拳用緩慢、柔和的形體語言，淋漓盡致地表現了我們華夏民族之根源性文化。

　　三十三年前，鄧小平一句「太極拳好」橫空出世！一個「好」字爲太極拳作了最完美的定義，並爲其發展勾畫出了廣闊的前景。

　　時至今日，太極拳愛好者已達億萬之衆，遍及全世界。他們喜愛太極拳，切身地感受著太極拳的好。而作爲太極拳各派始源的陳氏太極拳，因其獨特而又完整的風格（最能體現太極拳剛柔相濟、快慢相間、動如脫兔、靜若山岳等原始特點）尤受太極拳愛好者的青睞，流傳最爲廣泛。

　　我自幼隨家父陳正雷學習家傳陳氏太極拳、械、

推手及拳術理論等。在祖輩的故事中、父輩的影響下受教多年，可謂近水樓台、耳濡目染。不敢以「門裡出身」自詡，但較多數同好而言，我不得不感嘆一下自己的幸運：在父親的言傳身教、前輩兄長們的諄諄教導下，我二十多年的學拳練拳過程中從未有過任何不適症狀（用藝術門類通用語言說，就是基本上沒走過彎路）。經年累月，拳藝及其相關理論也小有心得感悟。

近年來，我主要從事陳氏太極拳的教學實踐、組織參與教練培養等工作，不經意間，自己的太極足跡也遍布了全國二十多個省份及世界十餘個國家。時日愈久，經歷愈多，一個現實形勢便越來越強烈地擺在了我們眼前：面對洶湧澎湃的太極熱潮，我們傳統的

「言傳身教」、「師傅帶徒弟」式的教學方式顯得是如此渺小和滯後；面對成萬上億並仍在快速增長的巨大的太極拳練習群體，我們的太極拳教練隊伍顯得是如此的單薄且無序。在自身使命感的驅使和父輩師長及師兄弟姐妹們的不斷鼓勵下，我總覺得自己應該做點什麼。然而，世事知易行難，苦思良久，仍不知從何下手。

某日，一師兄聽完我講課，拉著我的手一番敘談：「斌啊，你真應該把你自己從小至今的習拳經歷、練拳體會、教學心得等好好整理一下，出本書或什麼的公佈一下……你想啊，太極拳方面，像你這樣的背景、自身條件和經歷經驗等方面的人能有幾個？你是身處廬山不知道啊，就你這些東西，哪怕簡單一整理，對絕大多數的太極拳愛好者來說，都有著極高的借鑒價值啊……」真是一語驚醒夢中人啊！

時隔不久，逢遼寧科學技術出版社與深圳市靈智偉業文化傳播有限公司尋找新一代的太極拳傳承人合作出版一批適應當代都市人群的太極拳科普類書籍，機緣巧合，他們找到了我。彼此一拍即合，定下《零基礎學正宗陳氏太極拳》、《正宗陳氏太極拳養生功》、《正宗陳氏太極拳實戰絕技》等書的出版計畫。

但果真動手，內心卻始終忐忑不安，感覺自己才

疏學淺，怕力不從心。然事已至此，只好硬著頭皮，逐步推進。

慶幸的是，在此過程中，得到了河南陳正雷太極文化有限公司和深圳市靈智偉業文化傳播有限公司的大力支持，得到了父親陳正雷先生、母親路麗麗女士、家姐陳娟、家妹陳媛媛、河南省政協王訓智副主席、河南省陳氏太極拳協會王民選副主席等眾多親朋好友的熱心幫助，圖片及視頻拍攝中又有弟子任收、王小坡、韓靜等協助。出版在即，在此深表謝意！

人云：人生在於感悟。而感悟得自經歷。感謝這段人生經歷！

是爲序。

陳斌

於鄭州

目 錄

第四章　陳氏養生太極拳基本功法

第五章　陳氏太極拳精要十八式

◎　**附錄**

第一章

人類健康養生的法寶⋯太極拳

欲知太極拳之來由，必先知太極之含義。

太極即太虛，「太」者，極其至大之意，「虛」者，空虛無物之意。

太虛為空空之境，真氣所充，神明之宮府。

真氣之精微無運不至，故主生化之本始，運氣之真元。

太極乘氣，動而生陽，靜而生陰，此為太極生陰陽之理。

太極拳即是以陰陽理論為基礎的動作套路，其剛柔並濟、動靜結合，乃內外雙修之至寶。

第一節　內涵豐富的太極拳文化

「陰陽」是古代哲學理論中的一個重要概念，它將世界上萬事萬物歸納成「陰」、「陽」兩種不同的屬性，並認為陰陽之中還可分陰陽，「陰」與「陽」對立統一、相互依存、相互協調，並可以相互轉化。練習太極拳的至高水準，即是練就「五陰五陽」的功夫，達到「妙手一運一太極，太極一運化烏有」的境界。此時，人體太極理氣活躍，氣機相通，真氣充盛，陰陽平衡，周身上下、內外形氣一體，猶如太極之象，渾然一圓。

（一）太極拳與太極哲理

太極拳以「太極」二字命名，「太極」二字來自《易經》：「是故，易有太極，是生兩儀，兩儀生四象，四象生八卦，八卦定吉凶，吉凶生大業。」太極拳吸取易經陰陽辯證等觀點是事實，但從整個太極拳理論著述及拳法技術所表現的內容與特色來看，太極拳實際上是在運用先秦經宋明以來三千年哲學發展的成果——太極哲理。

此太極哲理發端於《易經》，中經道教內丹養生家陳摶等人的研究與發展，融貫儒、道、釋三家而形成《無極圖說》用於內丹修煉，後復由宋明理學家周敦頤等人繼承推演成為新儒家用以闡明理學奧秘的《太極圖說》。這一哲學滲入武術文化而產生了太極拳。所以，太極拳所體現

的《太極學說》是中國古代哲學一個具有重大價值的思想成果。

太極圖

中國古代以修煉長生術為特色的道教自漢末產生之後，就不斷在古代哲學中吸取營養作為內煉術的理論。東漢魏伯陽所著煉丹經典《周易參同契》便以《易經》原理解釋煉丹。宋初著名道教養生家陳摶繼承了《周易參同契》等早期煉丹理論，又得到麻衣道者所傳《正易心法》等著述，在此基礎上汲取了先秦道家老莊的陰陽學說，繪製出了對後世影響巨大的《太極圖》。

此圖的含意是：「其外一圈者，太極也。中分黑白者陰陽也。黑中含一點白者陰中有陽也；白中含一點黑者，陽中有陰也。陰陽交互，動靜相倚，周詳活潑，妙趣自然。」陳摶以道家學說為核心，對傳統易學加以改進；並汲取某些佛教禪定學說，形成了他的內丹理論，又繪《無極圖》加以說明。

《無極圖》的主要觀點是透過修身養性，經過煉精化氣、煉氣化神、煉神還虛三個階段後，達到脫胎成仙的境界。道教內丹「修仙」目的當然達不到，但道教內煉過程客觀上起到巨大的保健祛疾、養生長壽的作用，至北宋中葉，理學創始人之一的周敦頤完全採用了陳摶《無極圖》，但加上了不同的說明，用來作為理學宇宙生成論的

學說。

太極拳著名理論家王宗岳寫的有巨大影響的《太極拳論》，不僅汲取了周敦頤《太極圖說》的思想，甚至直接採用了《太極圖說》的某些語言。太極拳理論受太極學說的深刻影響。主要表現在三個觀點上。

汲取太極學說「無極生太極」的宇宙本體論（生成論）作為太極拳的本體論。「無極生太極」來自老莊思想，本為道家哲學。太極拳的本源亦為無極，對「無極」的哲學解釋，自宋明以來就有許多不同的解釋和論爭，或唯心，或唯物，眾說紛紜，也沒個定論。但從《無極圖》、《太極圖》看，古人均用一中空圓圈表

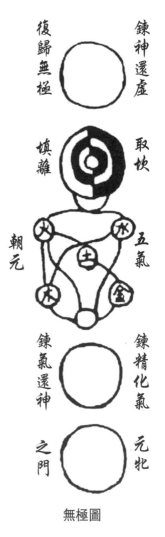

無極圖

「無極」，示天地未開、陰陽未分之茫茫宇宙。體現在太極拳上，便是拳勢未始之時，抱元守一，渾然無物之中始孕著陰陽變化。同時，亦顯示了太極拳勢的基本特徵——圓。太極拳動作的弧形來自圓，綿綿不斷地畫圈，大圈、小圈的變化，圓與弧的連綿，均是「無極」的形象體現。

這「無極」更要求練太極拳者心胸無比遼闊而純無雜念，意識如茫茫大宇，寧靜空寂。這便是太極拳與道家的「守一」、「純素」之道與佛家的「禪定」、「空靈」的相通之處，亦即太極拳養心修性功能的本源。無極而太極這一觀念是太極拳的根本觀念，把握到這一點，才是把握到太極拳的精髓。

太極拳理論中貫穿始終的陰陽變化觀念，是受道家哲學的影響，同時，也是直接來自《太極圖說》。太極拳的動靜、剛柔、進退、開合等均是陰陽變化的表現；特別是

陳斌在陳氏祖祠演練太極拳

太極拳的柔中寓剛，如棉裹鐵，靜中有動，陰陽相濟，亦可在周敦頤太極圖之陰陽互動與五行相交中找到解釋。道教內丹中的五行說認為最為重要的是水與火，心屬火、腎屬水，內煉要求水火相濟，關鍵是修心養腎。

周氏《太極圖說》謂，「五行一陰陽也」。指五行各屬陰陽，特別是其中的水屬陰，火屬陽，水柔火剛。因而太極拳的剛柔相濟與道教內丹的心腎相交是完全相通的。故太極拳用之於養生則袪疾延年，用之於技擊則剛柔互用，以達克敵制勝。

太極拳理論中所反映的形神統一觀亦與《太極圖說》有一定聯繫。作為萬物之靈的人，是由「形」與「神」二者結合而成的。形與神二者的關係，是先秦以來兩千餘年古代哲學研究紛爭的重大課題，而「形神統一」的觀點早在上古便產生了。《黃帝內經》中已經從形神統一上來認識人的健康，例如：「上古之人……食飲有節，起居有常，不妄作勞，故能形與神俱而盡終其天年，度百歲乃去」等。

強調心、意的作用亦是太極拳理論的突出特色，這一方面是受《黃帝內經》等古代傳統形神統一觀的影響；另一方面也與太極學說有密切聯繫。周敦頤的《太極圖說》寫道：「形既生矣，神發知矣，五性感動而善惡分，萬事出矣。」其《太極圖說》自注指出：「人稟陰氣形成形體，稟受陽氣產生精神。」他認為形與神密不可分，精神意識有很重要的作用。王宗岳在論述太極三要素「心、氣、身」時說：「以心行氣，務令沉著，乃能收斂入骨。

以氣運身，務令順遂，乃能便利從心、先在心，後在身、身雖動，心貴靜，氣宜斂，神宜舒。心為令，氣為旗，神為主帥，身為驅使。」這些要領口訣認為心、意的作用居於首要地位，練習太極拳是一種身心同修的方法，是達到形神統一的一種途徑。

（二）太極拳與中醫學說

中醫認為：「陰陽者，天地之道也，萬物之綱紀，變化之父母，生殺之本始，神明之府也。」太極拳家認為：「陰陽分，天地判，始成太極。所謂陰陽分是指陰靜陽動、陰息陽生；天地判是指清濁二氣分、陰陽相交化生萬物。」由此可見，中醫學說與太極拳理論在對於揭示宇宙的基本規律上的看法是一致的。

在中醫學裡，有寒熱、虛實、表裡等陰陽屬性不同的病症之分，相應亦有溫、清、補、瀉和解表、治裡等治療方法；在太極拳中，所有動作有動靜、開合、剛柔、虛實等陰陽屬性之分，並有動靜變化、開合鼓盪、虛實分明、剛柔相濟等陰陽屬性不同的人體內外運動變化。

中醫學認為，氣血是構成人體的基本物質，是人體臟腑、經絡、組織器官活動的基礎。氣為血帥，血為氣母，氣血的調和與通暢是人體健康的關鍵因素之一。太極拳注重對人體的精、氣、神的修煉，在練習太極拳時，要求以意導氣、以氣運身，從而使氣血運行流暢。因此，一般有一些功底的太極拳練習者，即使冬天在戶外打拳也無須戴手套，練習完後無論身體還是手臂都是暖和的。

從中醫學說中的人體經絡方面來看，太極拳是以通任督二脈為基礎，要求「以氣運身，如九曲珠無微不至」，「運之於身、發之於毛」，透過太極拳的導引吐納，可自然而然地調節經絡氣血，使血脈貫通，運行流暢無滯。中醫認為：「通則不痛，痛則不通。」太極拳行氣通經，這樣便可以消除經絡氣血逆亂、阻滯及經絡氣血盛衰不調等致病因素。練習太極拳達到一定境界時，還可使氣在經絡、經筋、皮部之間轉換，由裡及表，由表至裡，無微不至。久而久之，可改善人體的微循環和臟腑之間的聯繫，加快人體新陳代謝，從而達到健身、養生的目的。

在中醫學中，五行學說是用來解釋人體的生理功能，說明機體病理變化，用於疾病的診斷和治療的科學理論，其具體方法是以木、火、土、金、水五行之間的生剋乘侮關係進行推演。而在太極拳法中，掤、攦、擠、按、採、挒、肘、靠八法正好與八卦一一對應，而進、退、顧、盼、定五步也是按五行進行區分並遵循生剋變化規律的。

第二節　解讀綠色、健康太極拳

養生，顧名思義即保養生命之意。它不僅包含防病、治病、健身方面的內容，還包括修身養性的深層含義。在這個提倡綠色、健康生活理念的年代，太極拳被人們廣泛接受和推崇。學習太極拳，不僅能防病、治病、健身，還能安定浮躁的心靈。

（一）太極拳與健身、防身

健康、和平、發展是人類社會永恆的主題，也是太極拳倡導的精神。從健身的角度來看，太極拳是一項根據人體生理自然結構所編排的、以人為主體和核心的運動，完全符合科學健身的要求。練習太極拳，能有效改善人們的身體素質和健康狀況。

經常練習太極拳的人都有這樣的感覺：練「架子」的時候，周身舒適，精神煥發；練「推手」的時候，周身活潑，反應靈敏。這是因為長期練習太極拳，會對人的神經、循環、消化、呼吸、運動等各大系統起到積極的保健作用。各系統器官功能加強了，練習者自然身體康健、精力充沛。同時，打太極拳時，很多動作、姿勢要求氣向下沉，並且始終保持鬆胯屈膝的狀態，這樣日積月累，就會使練習者下盤穩固，上身輕靈，神氣貫通，不論從健身還

陳斌與弟子任收演練太極拳推手

是防身的角度上來說，都具有非常大的作用。

一直以來，國家及國家領導人都大力提倡和推廣太極拳。毛澤東主席說：「凡能做到的，都要提倡，做體操，打球類，跑跑步，爬山，打太極拳及各種各樣的體育活動。」周恩來總理在會見日本自由民主黨顧問松村謙三時曾題詞：「太極拳是中國的一種優秀傳統文化，內涵十分豐富，充滿哲理，與中國傳統醫學有著血緣關係。學練太極拳是一項很好的健身運動，可以強身健體，可以防身自衛，也可以陶冶情操，是一種美的享受，還可以給生活帶來無限情趣和幸福，可以延年益壽。」鄧小平同志更是專門題詞「太極拳好」，倡導大眾練習太極拳。

（二）太極拳與身心放鬆

太極拳將虛靜的理念注入到運動之中。練拳時首先要求練習者入靜，做到心靜體鬆，使人的身心處於極寧靜、極鬆脫的狀態。太極拳大師陳鑫在《太極拳論》中說：「上場時先洗心滌慮，去其妄念，平心靜氣，以待其動。」

放鬆是太極拳獨特的練功手段和方法，目的是

太極椿功，放鬆心靈

去僵求柔，積柔成剛，剛柔相濟，其包括精神放鬆和身體放鬆兩方面。在精神上，要求保持輕鬆愉快，排除緊張情緒或壓力。精神上的放鬆有利於心靜；在身體上，要求各個關節、器官、肌肉、韌帶等鬆弛、舒展，鬆肩、鬆腰、鬆胯、鬆腿，盡量運用骨骼的自然支撐力，去掉僵勁，使動作輕靈柔和，從容自如，含蓄勻稱，順遂流暢，不急不緩，不散不滯。身體上的放鬆有利於行氣。

楊氏太極拳代表人物楊澄甫說：「人身有經絡，如地之有溝洫，溝洫不塞而水行，經絡不閉而氣通。用僵勁，氣血不通，用意不用力，意之所至，氣即至焉，久久練習，則可得真正內勁。」體鬆心靜是練太極拳的基本要求，只有在這樣的狀態下，才能培養內氣，增長內勁。在周身放鬆、平心靜氣的狀態下練拳，才能體驗到練拳時的放鬆感，只有體驗到放鬆感之後，才能體驗到氣感。而拳架越柔、越鬆，內勁增長便越快。

此外，現代醫學理論認為，放鬆可以消除精神的緊張感和身體的疲勞感，能增強機體新陳代謝的能力，減緩衰老速度，達到健康長壽的目的。

（三）太極拳與老年養生

人到老年，隨著體內的鈣質流失，腰腿部的衰老變得越來越顯著，主要外在表現為步履蹣跚、易跌倒。很多老年人的突發性疾病（如心肌梗塞等多種心臟病、腦出血等）都是由不慎摔倒而引發的。

美國俄亥俄州醫學研究院的三位專家曾經做過一項研

究：對全美的一千多名七十歲以上且堅持練習太極拳的華裔老年人進行了3個月一次的跟蹤調查。他們分析調查數據後發現，這些華裔老年人與美國本土的同齡老年人相比，前者年摔倒發生率是5%，後者卻是30%（儘管後者也參加其他項目的運動鍛鍊）。

練習太極拳能幫助老年人提高四肢的靈活性和身體的平衡能力，特別能增強雙腿的穩定性，從而有效地防止摔倒。另外，經常練習太極拳的老人，即使是在跌倒之後，骨折率及心腦血管等病症的猝發率都遠低於其他同齡人。

練習太極拳除了能防止老年人摔倒之外，對預防老年癡呆症也有很好的作用。美國伊利諾伊州大學護理學教授桑迪·伯格納說：「練習太極拳的要點在於，能在身體運動的同時尋找到意識與肢體的平衡與融合。」太極拳動作講究心神合一，形體與意念自然配合。

練習太極拳時，大腦皮質功能區小部分區域在工作，而大部分區域則處於抑制狀態，這樣可以讓大腦得到充分休息，正在萎縮的腦神經自然也「被迫休息」。在這一張一弛間，高級神經中樞功能得到了修復和改善，因而達

自由盤坐，感受天地靈氣

到了健腦強身的效果，有益於減緩老年癡呆症的發生。

（四）太極拳與爲人處世

太極拳練到五陰並五陽的太極境界時，那時候才知道什麼叫「得意」。到「得意」時那具體的一招一勢，就不必拘泥於古，那就是「忘形」的階段。「得意忘形」實質上是對太極拳功夫境界最形象、最直觀的表現。當太極拳練習到「得意忘形」的境界時，人如同在天地間穿行，在空氣中游泳，感覺渾身氣血流暢，筋骨鬆柔，精神煥發。

老子說：「大道無形，大道似水。」就是對太極拳最深刻的描述。太極拳強調以「柔」爲本，以「不爭」爲用，要求肢體放鬆，動作柔緩，在追求極柔的過程中，逐漸步入「天下之至柔，馳騁天下之至堅」、「柔弱勝剛強」的境界。天下至柔者莫過於水，至剛者莫過於金石，但滴水可穿金石。水爲成就自己的陽剛之美，在力量微弱時，碰到堅硬的石崖與障礙物會繞道而行。古語云：「抗之不及可避及」，因此爲人處世應仿「幾於水」之道，任其成形，隨遇而安，能屈能伸，能高能低。

江海之所以能夠匯聚百川，是因爲它把自己放在了最低的位置，成就了自己的大。由此可見，要想處在別人的前面，必須把自己擺在別人的後面；要想處在別人的上位，自己必先謙下，只有這樣才能得到別人的擁護和愛戴，才能夠真正地處在人前、處於人上。

太極拳中剛柔相濟、陰陽互補的中庸之道，要求人們在爲人處世上，要一分爲二，用陰陽、剛柔兩種眼光去看

待世間萬物。

　　大成若缺、精滿自溢、月滿則虧，這是千古不變的真理。事物發展到盡善至美時，要特別注意「物極必反」的規律。每個人的人生都有高峰和低谷，文王曾成階下囚，韓信受過胯下辱，關鍵是要善待人生的順境和逆境，以拳悟理，以理指導人生道路，便能做到寵辱不驚。

第二章

溯本追源，追尋古老陳氏太極拳

太極拳不僅是一門拳術，還是一種有效的養生方法，其理論深受中國古代傳統哲學、醫學、美學等文化的影響。

太極拳的鬆柔自由、輕靈圓活、動靜相宜、陰陽轉化，無不體現出深邃的文化內涵和哲學思想。

練習太極拳，透過身體的鬆、正、靜、圓、空，配合以細緩、勻長的深呼吸，能使人內在的精、氣、神達到高度的統一，無須劇烈運動，即能增加肌肉力量，促進體內血液循環，使人感覺神清氣爽、渾身舒暢，從而達到養生的目的。

第一節　太極拳之陳氏太極拳

陳氏太極拳，起源於河南。明末清初始創期，僅在陳家溝一隅之地、一姓之眾範圍內傳播。至清朝後期，陳氏十四世陳長興首開紀錄，收了第一個外姓徒弟楊露禪，後楊將陳門拳藝帶至河北、北京，陳氏太極拳開始為世人所知，其後更演變出了楊、武、吳、孫等流派。

到了民國時期，先後有陳家溝陳氏十八世陳照丕（1928年應同仁堂邀請赴京傳拳，後於1930年赴南京中央國術館任教）和十七世陳發科（1929年赴京）先後將其拳藝帶往京城，教授眾多外姓弟子，遂使陳氏太極拳擺脫了姓氏的局限，奠定了廣泛傳播的基礎。

（一）陳氏太極拳的起源

太極拳發源於河南省溫縣陳家溝。陳家溝位於溫縣城東的青峰嶺上，600年前叫常陽村。據溫縣縣志記載：「明洪武初年，元鐵木耳守懷慶（懷慶府管轄八縣，溫縣在內），明兵久攻不下，急於統一天下。太祖遷怒於民，大加屠戮，時溫民死者甚多……」相傳有三洗懷慶之言。人煙幾絕，乃遷民填補，屯田墾荒。十有八九由山西洪洞遷來，當地至今尚有「問我祖先何處來，山西洪洞大槐樹」的說法。

陳氏始祖陳卜，原籍山西澤州郡（今晉城），後來由

澤州遷居山西洪洞縣。明洪武七年（1374年），遷居河南懷慶府（今沁陽）。因陳卜為人忠厚，精通拳械，為近鄰鄉民所敬重。故將其居住的地方叫陳卜莊（陳卜莊併歸溫縣至今仍叫陳卜莊）。後因陳卜莊地勢低窪，常受澇災，先祖又遷居溫縣城東十里的常陽村。村中有

河南省溫縣陳家溝圖

一條南北走向的深溝，隨著陳氏人丁繁衍，常陽村易名為陳家溝。

　　始祖陳卜居溫縣後，為奠定家業基礎，偏重於墾種興建。先是六世同居，再是七世分家，興家立業，人繁家盛。為保衛桑梓，地方得安，先祖在村中設武學社，教授子孫。1711年，陳氏十世祖陳庚為陳卜立碑，簡單記述了陳卜生平。關於拳藝、人物、事蹟的文字記載，是從陳氏九世祖陳王廷開始的。

　　據溫縣縣志和陳氏家譜記載：「陳王廷在明末拳術已著名。於拳術更加研究，又多所心得，代代相傳，成為獨特之秘。」

　　陳王廷（1600-1680），又名奏庭，明末清初人，文武兼優，精於拳械，功夫深厚，在河南、山東一帶很有聲望。他曾在山東掃蕩群匪，賊聞名不敢逼近。因當時社會

陳家溝人物壁畫之陳卜

動盪，久不得志。他在老年隱居期間，依據祖傳的拳術，博採眾家之精華，結合太極陰陽之理，參考中醫經絡學說及導引、吐納之術，創造了一套陰陽相合、剛柔並濟的拳法。因其主要理論依據為太極陰陽之理，且符合大自然運轉規律和人體的生理規律，故定名為「太極拳」。正如《拳譜》云：「運動之功夫，先化勁為柔，然後練柔成剛，及其至也，亦柔亦剛。剛柔得中，方見陰陽。故此拳不可以剛名，亦不可以柔名，直以太極之名名之。」

陳王廷傳授下來的有一至五路太極拳、炮捶一路、長拳108勢、雙人推手和刀、槍、劍、棍、鐧、雙人粘槍等器械的練習功法。其中雙人推手和雙人粘槍，更具前所未有的獨特風格。

陳王廷的著作因年代久遠，多遭散失，現尚存《拳經總歌》、《長短句》詞一首。詞上半首有：「嘆當年，披堅執

銳，掃蕩群氛，幾次顛險！蒙恩賜，枉徒然，到而今年老殘喘。只落得《黃庭》一卷隨身伴，閒來時造拳，忙來時耕田，趁餘閒，教下些弟子兒孫，成龍成虎任方便……」

陳王廷獨創的太極拳術有以下幾點：

把拳術與導引、吐納相結合。導引和吐納

陳斌練拳之餘習字練心

是養身術，它是由漢末醫學家華佗模仿禽獸的屈伸、顧盼、跳躍等動作並結合呼吸運動創編而成的健身方法，名為「五禽戲」，也就是後來的氣功中內行功的方式方法。陳王廷把武術中的手、眼、身法、步法的協調運作同導引、吐納結合起來，使意識、呼吸和動作三者密切結合，成為「內外合一」的內功拳。

將武術和中醫經絡學相結合。經絡是指佈滿人體的氣血通路，源於臟腑，流於肢體。經絡氣血順暢，則身強體健；若經

陳王廷

絡氣血失調，則疾病叢生。陳王廷根據自己的心得體會，結合中醫經絡學說原理，創編了以纏繞螺旋為主要運動方式的太極拳套路。

創造了雙人推手。自古以來，踢、打、摔、拿、跌是中國武術的五大主要技擊法。由於這五種技擊法在實踐時均具有較大的傷害性，因此歷來練武之人都只做假想性或象徵性的練習。前人苦心積累的寶貴經驗，因實踐不足，很難得到繼承與提高，鑑於此，陳王廷創造了雙人推手方法。這種方法傷害性較輕，成為了各種綜合性實踐技擊的練習方法。

創造了雙人刺槍和八桿對練項目。陳王廷將陳氏拳術中與眾不同的纏絲勁運用到器械上，創造了雙人粘槍法和黏隨不脫、蓄發相變的刺槍術，以及八桿對練項目為長兵器對練開闢一條簡便易行、提高技術的途徑。

創造了太極拳理論。太極拳理論是陳王廷根據自己的實踐經驗，同時總結和吸取明代民間武術經驗而創立的。

陳正雷指導弟子練桿

它包括纏繞螺旋、柔中寓剛、避實擊虛、以意行氣、勁由內換、人不知我我獨知人、因敵變化等特點。如《拳經總歌》中所記載的：「縱放屈伸人莫知，諸靠纏繞我皆依」等。

（二）陳氏太極拳的拳法特點

自清初（約在1670年之後）河南溫縣陳家溝陳王廷創編陳氏太極拳以來，陳家溝陳氏世代傳習，代代有名手，現將陳氏太極拳拳法特點簡述於下：

◎◎◎剛柔相濟

剛和柔兩者是相互對立的，然而陳氏太極拳把剛勁和柔勁融合在整個套路中，並貫穿始終。一招一式，剛中寓柔，柔中寓剛，均有剛柔相濟的特點。

太極拳的勁力之所以要以剛柔相濟為標準，是因為有剛而無柔的勁缺乏韌性，易折易損，有柔而無剛的勁缺乏爆發力，無技擊的實用價值。陳氏太極拳傳人陳鑫云：「是藝也，不可謂之柔，亦不可謂之剛，只可名之為太極。太極者，剛柔兼至而渾於無跡之謂也。」

◎◎◎快慢相間

快慢相間是陳氏太極拳的一個顯著特點。為了體現太極拳的節奏感，打拳速度要快慢相間，即有快有慢，忽快忽慢。不僅一套拳路有快有慢，一個拳勢或一個動作，也應有快有慢。這樣，打拳既不累，又易引起興趣。從技擊上看，這種快慢相間的鍛鍊方法，有利於增強收發彈抖勁

過程中的緩衝力與爆發力，並且有利於迷惑敵人。

正如陳鑫所云：「虛攏詐誘，只為一轉。」在學習和練拳過程中，拳法的快慢可以由練習者自行調節。例如：一路拳比二路拳要慢；習拳時慢，發勁時快；練套路時慢，練單式時快。習拳時必須慢，慢方可動作到位、勁力到位，處處規矩。練單式則必須快，快方可練速度、練力量，以增功力。練習者切記慢中有快，快中有慢，應做到慢而不呆滯、不間斷；快而不失沉著、不丟纏絲勁、不丟動作。

꩜陰陽相合

宇宙萬物皆具陰陽，都具備陰陽對立、互根、消長之屬性，這就是無極生太極，太極生兩儀，兩儀生四象，四象生八卦，八卦生六十四卦乃至無窮的運動規律。天、地、人都受這個規律的制約。人的生理、病理、生長、消亡都依附著這種週期性運動規律。

陰陽五行是創編太極拳的理論基礎，因此在習練太極拳的過程中處處都能體現陰陽。堅持努力地練習，才能達到陰陽平衡的境界，才能全面發揮太極拳的作用。

陳氏太極拳名家陳鑫曾說過：「……唯有五陰並五陽，陰陽不偏 稱妙手，妙手一運一太極，太極一運化烏有，遭著何處何處擊，我亦不知玄又玄。」

꩜內外兼修

導引和吐納是中國古代流傳至今的養生術，早在公元前幾百年的《老子》、《孟子》等著作中已有記載。漢初

淮南子劉安編成「六禽戲」，漢末著名醫學家華佗將它改為了「五禽戲」，華佗模仿禽獸的動、搖、屈伸、仰俯、顧盼、跳躍等動作，結合了呼吸運動，將其變成了療病、保健的運動鍛鍊。

　　陳氏太極拳將導引、吐納術和手、眼、身法、步法的協調動作有機地結合起來，使其成為內外兼修的內功拳運動，不僅對強身健體能起到良好的作用，在提高拳術的搏擊技巧方面更是一個創造性的發展。

虎形　鹿形　熊形　猿形　鳥形

華佗五禽戲

∞∞螺旋纏絲

　　纏絲勁是陳氏太極拳的一種特殊的練習方法。陳王廷的《拳經總歌》開首兩句：「縱放屈伸人莫知，諸靠纏繞

我皆依」就是指這纏絲勁。陳氏太極拳結合力學和經絡學的理論，採用螺旋纏繞的運氣方法，從技擊上來講，能以小勝大，以弱勝強，從生理上來講，能通暢血液，陰陽調和，強身延年。

陳氏太極拳結合經絡學說，以拳術與導引吐納為表裡，拳勢動作採取螺旋纏絲式的伸縮旋轉，要求：「以意導氣、以氣運身」，內氣發源於丹田，以腰為軸，節節貫串，微微旋轉，使腰隙（兩腎）左右抽換，由旋腰轉脊，纏繞運動，佈於全身。通任、督兩脈，上行為旋腕轉膀、下行為旋踝轉膝，達於四梢，復歸丹田，動作呈弧形，圓活連貫，一招一式，承上啟下，一氣呵成。

這種系統的運氣方法亦符合經絡學說的道理，也是其他各家拳法和體育運動所不具備的。

∽意識、呼吸、動作三者結合

陳氏太極拳是內外兼修的內家拳術，內家拳的動作都是在意識的引導下進行的。意，即心意、意識。陳鑫《拳論》說：「打拳心為主」，「妙機本是從心發」，「運用在心，此是真訣」，「以心為主，而五官百骸無不聽命」。

問：何為運行之主宰？

曰：主宰於心，心欲左右更迭運行，則左右手足即更迭運行；心欲用纏絲勁順轉圈，則左右手即用纏絲勁順轉圈；心欲沉肘壓肩，肘即沉、肩即壓；心欲胸腹前合，腰勁塌下，襠口開圓，則胸向前合，腰勁剎下，襠口開圓，無不如意；心欲屈兩膝，兩膝即屈，右足隨右手運行，左

足隨左手運行，兩膝與左右足皆隨之，不然多生疵累，此官骸不得不從乎心也。吾故曰：心為一身運行之主宰。以上所言，即是心意與動作的關係。

上述拳論用我們現代語言來講，就是說內家拳的練習中，用勁的不是肌肉骨骼，不是胳膊腿，而主要在心意。一定要做到思想清淨、意念集中，用心念、意識來指揮身體的動作表現。說白了，就是你心裡想的是什麼，動作自然就會做成什麼樣子。比如說鬆肩沉肘、立身中正、屈膝鬆胯等基本要求，你在練習任何動作、功法或套路時，都應該從思想意識上緊守不丟，從而才能在外部動作中表現出來。反之，只要思想意識稍一鬆懈，就難免出現挑肩架肘、前俯後仰、頂胯栽膝等毛病。

《拳論》又云：「打拳以調養氣血，呼吸順其自然……調息綿綿，操固內守，注意玄關……輕輕運行，默默停止，唯以意思運行。」由此可知，意識、呼吸和動作三者之間的密切關係。在走架子時，一舉一動都是在意的指揮下，將手、眼、身法、步法的協調動作和呼吸有機地結合起來，開呼蓄吸，順其自然，心意不可使氣，輕輕運轉，成為內外統一的內功拳運動。

陳斌於海邊調息內氣

（三）陳氏太極拳的傳承與發展

自陳王廷之後，陳家溝練習太極拳之風甚盛，老幼婦孺皆習。如今，當地還流傳著一些諺語：「喝喝陳溝水，都會翹翹腿」，「會不會，金剛大搗碓」等。這些諺語從一定程度上也反映了當時陳家溝人習拳的情形，這種習拳風氣世代沿襲，經久不衰，陳家溝歷代名手輩出。

陳長興

十四世陳長興（1771-1853），字雲亭。長興公以保鏢為業，走鏢山東，在武術界享有盛名。他在戲台前看戲，站立於千百人中（當時農村演戲，身強力壯者擠在台前，無座位），無論眾人如何推、拉、擁、擠，腳步絲毫不動，凡近其身者，如水觸石，不抗自頹，時人稱「牌位大王」。其子耕耘拳藝精奧，繼續保鏢山東，歷時十餘載，所遇匪盜斂跡，魯人立碑敘其事以為紀念。耕耘子延年、延熙均為太極名師。

陳長興中興太極拳的偉大貢獻有：

1. 將祖傳拳法由博歸約、精練歸納為現在流行的陳氏太極拳一路、二路（炮捶），後人稱為老架（大架）。

2. 發展了太極拳理論。陳長興著作頗豐，流傳下來的有《太極拳十大要論》、《用武要言》、《太極拳戰鬥篇》等，這些著作極大豐富了太極拳理論，在理論上將太

極拳提高到了一個新的高度。

3. **打破門規，拳傳外姓**。陳長興晚年，在距自家三百公尺的同族人陳德瑚家開辦武學社，廣收弟子。當時陳德瑚在河北廣平府（今永年縣）做藥材生意，廣平府有一叫楊福魁（字露禪，1799-1872年）的青年在藥店中做工，陳見其忠實可靠，聰明能幹，便帶回老家做長工，楊到陳家溝受當地練拳之風的影響，常偷看陳長興教拳，然後獨自偷練，功夫不負有心人，久而久之，竟被他學了個八九不離十。幾年後的一天夜晚，楊在練拳時，被陳長興偶然發現。陳聽到他練拳時發出的聲與走架的身形，以為是自己的徒弟，便問他是誰，楊答：「禪來（楊的乳名）！」又說：「我很想學拳，但怕主人不同意，又怕您老人家不收，所以只能偷著學。」說罷叩拜在地。陳對楊的求學精神十分讚揚，又見他平時勤勞，為人誠實聰明，是個可造之才，便正式收為弟子，同陳家弟子一同練拳。

只怕連陳長興自己也沒料到，就是這個無意中收的徒弟，竟然會在以後的歲月裡，在發揚光大太極拳方面作出了巨大貢獻。這一劃時代的創舉，功績應歸於太極拳的中興者——陳長興。（楊露禪，楊氏太極拳始祖，後於京城教拳。此乃後話，在此不贅。）

十四世陳有本（1780-1858），字道生。有本公在祖傳套路的基礎上，作了一些改動。逐漸捨棄了某些難度較大和發勁的動作，架勢與老架一樣寬大，但更柔和自然，儒雅瀟灑，收蓄兼併，發勁剛勁，同樣分為一路、二路，後人稱之為新架（小架）。其弟子有陳清平、陳有綸、陳

陳家溝太極拳館歷代祖師像

奏章、陳三德、陳運棟等，均為太極拳名家。

十五世陳清平（1795-1868），移居於趙堡鎮（陳家溝東北五里地）在那裡傳拳，他在原套路上再進行修改，形成了小巧緊湊、逐步加圈、由簡到繁、逐步提高拳法技藝的練習套路。先後傳和兆元（趙堡架創始人）、武禹襄（武氏太極拳創始人）、李景延（忽雷架創始人）等人。

陳鑫

十六世陳鑫（1849-1929），字品三。他感到陳氏拳術歷代均以口傳為主，文字著作甚少，為發揚祖傳太極拳學說，遂發憤著書立說。他花費12年的時間著成《陳氏太極拳圖畫講義》四卷，闡發陳氏世代積累的練拳經驗。以易理說拳理，引證經絡學說；以纏絲勁為核心，以內勁為統御，是陳氏太極拳理論寶庫中最重要的一篇。他還著有《陳氏家乘》、《三三六拳譜》等著作。

陳發科

十七世陳發科（1887-1957）字福生。是近代陳氏太極拳的代表人物，對發展和傳播太極拳作出了傑出的貢獻。1929-1957年，陳發科一直在北京教授拳術，其技擊技術極好，與人交手時以得人為準，常以不見形的高超擊法將人跌出。因其為人忠厚，武德高尚，受到各界人士的歡迎。他一生教授徒弟眾多，有沈家楨、顧留馨、洪均生、田秀臣、雷慕尼、馮志強、李經梧、肖慶林等。其子照旭、照奎，女豫霞，拳藝亦很好。

陳照丕

十八世陳照丕（1893-1972）字績甫。1928年秋，北平同仁堂東家樂佑申和樂篤同兄弟二人，慕陳氏太極拳之名，托河南沁陽杜盛興到陳家溝聘請拳師，族人公推陳照丕前往。到北京後（時為北平），有同鄉李敬莊（臨）為其在《北平晚報》（1928年10月）登載宣揚：「中國提倡武術，其目的在於強種衛國，自衛禦敵，收復失地……」

陳照丕理論造詣極深，積數十年之經驗，著有《陳氏太極拳匯宗》、《太極拳入門》、《陳氏太極拳圖解》、《陳氏太極拳理論十三篇》等書。他所授弟子的代表有陳小旺、陳正雷、王西安、朱天才等。

他品德高尚，誨人不倦，對推廣陳氏太極拳作出了巨大貢獻，深受國內外各界人士的崇拜，為陳氏太極拳承前啟後、繼往開來的一代宗師。

陳照奎

十八世陳照奎（1928-1981），是陳氏太極拳近代重要代表人物陳發科先生的幼子。四歲隨父赴北京，七歲從父學習家傳拳術。他學拳、練拳十分刻苦，拳走低架，胸腰折疊，手法多變；拳架中正、流暢，精於閃、戰、彈、抖；推手及擒拿功夫均達到出神入化的高端境界。

自20世紀60年代開始，先後在北京、上海、南京、鄭州、石家莊、焦作等地教拳，主要傳授其父晚年所定83式新架套路。先後培養出陳正雷、陳小旺、王西安、朱天才（此四人為陳照奎自陳照丕1972年去世後，接過接力棒培養出的陳家溝後輩子侄中的代表）、陳瑜（其獨子，現居北京）、張志俊、馬虹等著名弟子，為推廣、普及太極拳作出了巨大貢獻。

現在陳家溝所練的拳械套路有老架一路、二路（炮捶），新架一路、二路（炮捶），小架一路、二路，五種推手法。器械有太極單刀、雙刀、單劍、雙劍、雙鐧、梨花槍夾白猿棍、春秋大刀、三桿、八桿、十三桿等。這些套路，從風格上、技擊應用上，仍基本上保持原有的傳統風格。

在楊露禪、武禹襄等人分別赴陳家溝拜師學藝後，陳

家溝的太極拳迅速從家族式的民俗文化上升至了都市的宮廷文化和健身文化。在清末至民國期間，又逐步演變出楊、吳、武、孫等幾大流派，它們都直接或間接起源於陳家溝的陳氏太極拳。這期間，楊家起到了重要的橋樑作用，以至民國時期的武術詩人楊季子曾寫過這樣的詩句：「誰料豫北陳家拳，卻賴冀南楊家傳。」

∽ 楊氏太極拳

河北永年人楊露禪從學於河南溫縣陳家溝陳長興，其子楊健侯、其孫楊澄甫等人在陳氏太極拳老架的基礎上，創編發展了「楊氏太極拳」。其拳路逐漸刪改了陳氏老架中原有的縱跳、震足、發勁等動作，由楊健侯修訂為中架，又經楊澄甫一再修訂逐漸定為楊氏大架，即現在廣為流行的楊氏太極拳。

陳家溝楊氏太極拳紀念碑

註：楊氏太極拳創始人為楊氏，傳外姓後又稱楊式太極拳，此碑為後人而立，故作「楊式」

楊氏太極拳架勢有高、中、低之分，拳架舒展簡潔，結構嚴謹，身法中正，動作和順，剛柔內含，輕鬆自然，輕靈、沉著兼而有之。姿勢開展，平正樸實，練法簡易，由鬆入柔，剛柔相濟。正如楊澄甫所說：「太極拳是柔中寓剛，綿裡藏針的藝術。」

武氏太極拳

河北永年人武禹襄在楊露禪從陳家溝返鄉後，深愛其術，向楊學習陳氏老架太極拳，後又從陳清萍處學得陳氏小架，經過修改，創造了「武氏太極拳」。

武氏太極拳既不同於陳氏老架和小架，亦不同於楊氏大架和小架，自成一派。

其動作簡潔緊湊，架勢雖小而不侷促，動作舒緩平穩，出手不超過足尖，收時不緊貼於身，左右手各管半個身體，不相逾越。

陳家溝武氏太極拳紀念碑

註：武氏太極拳創始人為武氏，傳外姓後又稱武式太極拳，此碑為後人而立，故作「武式」

胸部、腹部的進退旋轉始終保持中正。步法嚴格，分清虛實，小巧靈活，邁步時足尖先著地，然後再足跟著地徐徐放下全足踏平。弓步前腿膝蓋不得超過足尖，後腿不挺直高拔。

拳勢講究起、承、開、合，動作連貫順隨，用內功的虛實轉換和「內氣潛轉」來支配外形，以「神宜內斂」，「先在心，後在身」，「以心行氣，以氣運身，意動身隨，意動氣隨，意到氣到」，達到意、氣、形三者合一。

吳氏太極拳

河北省大興縣人吳鑑泉（1870-1942），滿族人，本名烏佳哈拉・愛紳，中華民國成立後隨漢人習俗，取漢姓「吳」（以「吳」與「烏」諧音），自幼從其父全佑學太極拳。全佑（1834-1902）在北京從楊露禪學拳。許禹生在《太極拳勢圖解》裡寫道：「當露禪先生充旗營教師時，得其真傳蓋三人：萬春、凌山、全佑是也；一勁剛、一善發人、一善柔化；或謂三人各得先生之一體，有筋骨皮之分。」

陳家溝吳氏太極拳紀念碑

註：吳氏太極拳創始人為吳氏，傳外姓後又稱吳式太極拳，此碑為後人而立，故作「吳式」

全佑任端王府（載漪）侍衛時先學楊露禪的大架，後又學楊班侯初改的小架互相吸收融化，傳至其子吳鑑泉時，又經數十年的融化和發展，遂形成柔化為主的一種緊湊、大小適中的拳術，即吳氏太極拳。

吳氏太極拳以柔化著稱，動作輕鬆自然、連續不斷，拳式小巧靈活。拳架由開展而緊湊，緊湊中不顯拘謹。推手動作嚴密、細膩，守靜而不妄動，亦以柔化見長。

❀孫氏太極拳

河北完縣人孫祿堂，自幼酷愛武術，從師李魁垣學形意拳，繼而學於李魁垣的師傅郭雲深，後又從師程廷華學八卦拳。經多年研練，功夫深厚。後又從師郝為真學太極拳，參合八卦、形意、太極三家拳術的精義，融合一體而創「孫氏太極拳」。

孫氏太極拳的特點是：進退相隨，邁步必跟，退步必撤。動作舒展圓活，敏捷

陳家溝孫氏太極拳紀念碑

註：孫氏太極拳創始人為孫氏，傳外姓後又稱孫式太極拳，此碑為後人而立，故作「孫式」

自然，練時雙足虛實分明，全趟練起如行雲流水，綿綿不斷。每轉身時以「開」、「合」相接，所以又稱「開合活步太極拳」。

第二節　陳氏太極拳與修身養性

陳氏太極拳的傳統理論中包含了很多優良的哲學思想。其中，一些哲學思想不僅對提高拳法技藝有指導性的意義，而且對為人處世、修身養性也能起到良好的引導作用。

（一）練陳氏太極拳，陶冶人的和諧觀念

太極拳是受中國傳統哲學思想影響最深的一個拳種，它依附於太極陰陽學說，並以此為拳理的理論基礎和行拳的本根，謂之「凡身處處皆太極，一動一靜俱渾然」。

陳氏太極拳以「道法自然」為指導思想，符合自然，符合人的生理特徵，符合運動規律，符合道德原則。練習陳氏太極拳時，要求身體各部位均不受牽制，動靜作勢，純屬自然，胸部微含而寬舒自然，鬆腰斂臀；在拳路運行時，要求以意導動，遵循自然而不任意作為，呼吸順其自然，行拳圓活流暢，隨屈就伸。

陳氏太極拳先哲陳鑫說：「打拳皆隨天機動宕，太極原象皆自吾身流露」，「闔闢剛柔順自然，一揚一抑理循環」。

陳氏太極拳中的虛實、閉合、剛柔等變化，處處包含了陰陽轉化。練習陳氏太極拳時，體悟陰陽要義，可使人感受到與天渾然相通之妙。

下文技術部分中即將介紹的「採氣法」，就是陳氏太極拳裡最講究追尋「天人合一」的功法之一。它要求練習者立於戶外開闊之處，頭頂藍天，腳踏黃土（穿平底布鞋，最為接地氣），雙手上升時吸氣以接天，下降時呼氣以入地；人立於天地之間，透過自身動作、呼吸、意念的完美結合，成為天地間的一個載體。將人體自身的這個「小宇宙」完全融入於天地間的「大宇宙」之中，經常練習即能感受人與自然的和諧之感。

（二）練陳氏太極拳，可以獲得最佳心境

道家思想的主靜和道教內丹養生術的主靜，決定了太極拳的主靜貴柔。立論於清代中期的《太極拳論》開宗明義：「太極者，無極而生，動靜之機，陰陽之母也。動之則分，靜之則合。」

虛靜，從人生修為的角度則為安靜閉恬、虛融淡泊，是一種虛懷若谷、恬靜無慾的平和心境，而這種心境借助於一種拳術活動來實現是頗有情趣的。這種「虛靜」，恰是陳氏太極拳練習過程中所追求的一種極高境界。如下文技術介紹中的「太極渾元樁」一式，由周身的「鬆靜」、思想的「清靜」、心理的「安靜」，最終正是要進入一種物我兩忘的「虛靜」狀態。而這種看似一無所有的「虛靜」狀態，卻恰恰給人一種無所不有的最佳感受。

陳斌、任收、韓靜師徒三人在陳氏祖祠演練太極拳

在擺脫了激烈競爭、緊張節奏的工作後，透過練習陳氏太極拳而進入一種無干擾、無慾念的寧靜之中，可以獲得清心悅目的最佳心境，可以感知人生的另一面。「人生而靜，天之情也」。對於浮躁焦慮的現代人來說，忙碌之餘練習太極拳，突然體會到這種空靈寧靜的心境，會給人生帶來新的情趣。可謂「大都心足力還足，只恐身閒心未閒，但得心閒隨處樂，不須朝市與雲山」，陳氏太極拳對人的修身養性來說，是不可多得的「清心劑」。

（三）練陳氏太極拳，體悟拳理與人生

中國的傳統思維中有一個重要的特點，即是重整體、重直覺，主張認知方式與修養方法的一致性，將本體論、認知論、道德論三合為一。

這種思維方法雖然有偏頗、模糊的一面，但是也有它的可取之處，由於「它的功用不在增加積極的知識上，而在於提高心靈的境界」（《中國哲學簡史》），因此不妨說，它既是重現實的，又是重理想的。

老子主張「為道」，以無欲之心感知萬物的規律。莊子為「體道」，孟子為「盡心」，朱熹提出了頓悟式的直覺，認為「致知在格物」，積習既久，就能豁然貫通。這些傳統的思想對太極拳的練習也有很深的影響。太極拳諺中說「拳打千遍，神理自現」，不重分析而強調體驗，要求人們在練習中體會拳法、拳理，體悟人生、道德，將練與修融為一爐。

在陳氏太極拳的理論之中，就有許多可與人生實踐相

合之處。比如，身法上強調要始終保持「立身中正」、
「不偏不倚」，練習日久，自然會感悟做人的基本原則；
動作運行上講究「不丟不頂」、「無過不及」等原則，讓
你領悟中庸之道。在剛柔快慢之間，腹內練就的一腔浩然
之氣，則始終提醒著你人生處世的道德準繩……諸如此類
於拳理拳法之間感受人生道德之處，比比皆是；只要用心
體悟，隨手可得。

在日常生活中，直覺領悟往往是短暫的，而練習陳式
太極拳卻可以將直覺延長為一種持久的意識。由體悟，使
「求自然」、「貴虛靜」、「重養氣」在整體意識中得以
實現。拳技非一日之功，人的道德修養更是一個長期的陶
冶過程。只要堅持技能上的直覺體悟，理論上就會漸通，
人生修為就會漸悟。

（四）練陳氏太極拳，感受身心同修的奧妙

氣是中國哲學範疇中的一個極為重要的觀念，是傳統
養生學的精要。氣的內涵豐富、奧妙複雜，概括地說，它
既是客觀存在的實體，又是主體的道德精神。老子說：
「萬物負陰而抱陽，沖氣以為和。」陰陽之氣充塞於宇宙
間，也存在於人類自身，天地為一氣流行，故天人相副，
彼此感應。

從養生學的角度，氣被視為生命之本源。「人之生，
氣之聚也，聚之則生，散則為死」（《莊子，知北遊》），
「長生之要，以養氣為根」（《天隱子》），養生之大，
在於愛氣。道教的養生術對中國醫學作出了重要貢獻，其

內丹學說為太極拳所汲取，因此，太極拳從實踐到理論，從觀念到方法，都十分關注於氣，注重運氣、練氣、養氣。

陳氏太極拳論中要求「以虛靈之心，養剛中之氣」，「浩然之心行之，無往不宜」（《太極拳全書》），強調中氣貫於脊中，收於丹田。太極拳理論認為，它是陵園子所說的「浩然之氣」，因此「心上功夫，不在吞津咽氣」，而虛靜的心理才稱得上「心」。

練習陳氏太極拳時要求「氣沉丹田」，呼吸要勻、細、深、長、自然平和，「綿綿若存，用之不勤」，尚屬氣息的調養運行。太極拳用意練拳，行拳練氣，虛靜其

身心同修，演練陳氏太極拳

心，以心行氣，既蘊涵著生命本原論，又涉及道德精神論，將氣與心結合。猶如道教內丹學說，以人的思想、精神、心理狀態為修煉的基礎。二者不同的是，道教內丹術以靜坐導氣，太極拳則在綿亙不斷的運動中動中求靜，氣遍全身，隨勢揚氣。把人的心理、生理、人生哲學結合在一起，把心理平衡、延年益壽、生活情趣融成一團，將人生哲理與太極拳的養氣全神統一起來。

哲學為太極拳提供了宇宙觀、人生觀的理論基礎，太極拳為哲學提供了具體的修心、養性的實踐方式。

第三節　陳氏太極拳養生功對人體的作用

數百年來，陳氏太極拳因其健身、養生的作用，深受人們的喜愛，而陳氏太極拳養生功法，一直為歷代太極大師所重視，為太極拳術中的重心所在。

陳氏太極拳養生功功法簡便易學，對神經衰弱、高血壓、心臟病、消化不良、關節炎等慢性病療效甚佳，下面簡單談談陳氏太極拳養生功對人體的作用。

（一）對神經系統的作用

人體的各種活動依賴於大腦皮質神經細胞的興奮與抑制的調節，而人體動作的變化、協調及平衡則全由中樞神經系統來指揮。練習陳氏太極拳時，要求全神貫注，沉心靜氣，意守丹田，排除一切思想上的干擾，在意的支配下

進行。在這套陳氏太極養生功裡，很多動作非常簡單，因此就更加講究與呼吸的配合和意念的引導，像纏絲勁練習、各種樁功、採氣法、抓氣法等靜功。

練習者在練習時，如果真能做到上述要求，就能有效地保持大腦皮質神經興奮和抑制的平衡，調節神經系統的正常運轉，對那些因神經系統障礙而引起的疾病，如腦神經衰弱症等有顯著的療效（據筆者多年教學實踐來看，對神經衰弱引起的失眠、多夢等睡眠品質不高等病症，這套功法甚至具有當天練當天見效的效果）。

練習陳氏太極拳養生功後，精力明顯比原先充沛，這是所有養生功初習者的客觀共識。除此之外，在這套功法中，單式練習和套路練習時要求眼隨手轉，樁功和定勢動作時則要求二目平視，延展極遠。如此一動一靜，練習日久，眼球一轉周身俱動，視神經和動眼神經均可獲得有規律的鍛鍊，對保護、健全、恢復視力有良好的作用。

此外，待到練習日久，學習內容不斷增加到雙人的練習方法——太極推手時，螺旋纏絲勁推盪往來於攻守進退之中，還能提高皮膚的反應能力，使觸覺的靈敏度提高。

（二）對循環系統的作用

循環系統主要由心臟和血管的血液流動，向各個組織細胞輸送氧氣和營養物質並及時排出二氧化碳和廢氣，促進身體的新陳代謝。

這套陳氏太極拳養生功法，雖然內容、形式都極為簡單，但它是從陳氏太極拳各種功法和傳統套路裡提煉出來

的精華部分。

　　比如，作為熱身活動的關節活動操，也遵循著陳氏太極拳的核心原理：其線路軌跡走的是弧線或圓周運動，並非簡單的拉展屈伸。這樣，練習者在練習時，能從各個角度，充分活動身體各部位的肌肉和關節。全身肌肉細胞的工作量增大，需要的氧氣和營養物質就多，這就要求循環系統相應地提高輸運量，從而使心臟、血管等得到了鍛鍊。與此同時，運動時毛細血管的開放使靜脈、淋巴的回流加速，因而減輕了心臟的負擔。

　　另一方面，陳氏太極拳養生功中所有的功法都要求採用腹式呼吸。呼吸時膈肌和腹肌的收縮和舒張，使腹壓不斷改變，腹壓增高時，腹腔內的靜脈受到壓力的作用，把血液輸入右心房，反之，當腹壓減低時，血液則向腹腔輸入。這種呼吸運動能促進血液的循環，給心肌帶去更多的營養，還能改善心臟營養的過程，有助於保持心臟、血管和淋巴系統的健康。同時，對治療因心臟和血管而引起的疾病，如高血壓、冠心病、心律不整、心肌梗塞等有明顯的療效。

（三）對呼吸系統的作用

　　陳氏太極拳採用「腹式呼吸」，要求氣向下沉（氣沉丹田），一呼一吸，一開一合，與動作自然配合，使呼吸系統逐漸做到深、長、細、緩、勻、柔，保持腹實胸寬的狀態，即把胸部由於運動所引起的緊張狀態轉移到腹部，使胸部鬆活寬舒、腹部沉靜而又踏實，這對保持肺組織彈性、發展呼吸肌、改進胸廓活動度、增加肺活量、提高肺

臟的通氣和換氣功能有著良好的作用。

　　長期堅持練拳者，呼吸頻率會減少，肺活量比一般人的大，練拳時可以久練而不發喘，呼吸自然。

　　例如，我們下面即將講述的「採氣法」，即要求動作必須與呼吸嚴謹配合，上升時吸氣，下降時呼氣，呼吸的頻率決定動作的快慢。初練者往往只能做到正常呼吸頻率即每分鐘12～14次；入門者可降為每分鐘10次左右；功深者可慢慢降到每分鐘8次、6次、4次，直至1～2次；功夫以至爐火純青地步的大師級人物，甚至可以每兩分鐘（或數分鐘）呼吸一次。

　　這都是筆者的親身感受或人生親聞親見之經歷，絕非妄言。由此種變化，不難感受陳氏太極拳對呼吸系統所能產生的明顯作用。

（四）對消化系統的作用

　　由於神經系統對內臟器官的調節過程的改善，膈肌、腹肌的收縮和舒張對肝臟、胃腸也能起到自我按摩的作用。一般的機械式的局部肢體運動很難促進腸胃及其他臟腑的活動，而陳氏太極拳鬆胯轉腰、胸腰折疊等運行方式就很好地解決了這個問題。

　　尤其像下述養生功裡「丹田內轉運氣法」，用手的外部畫圈旋轉為引導，由腰胯的立體旋轉，再結合呼吸，配合意念，除了引動內氣外，實際上更是一種極為實用的以腸胃為主的「五臟六腑自我按摩法」。

　　腸、胃、肝、腎隨身體的運動而運動，促進了肝內的

血液循環，提高了胃腸的張力、蠕動、消化和呼吸的能力，增強了肝上腺素的分泌功能，改善了體內物質代謝（尤其是膽固醇的代謝）。因此，經常打太極拳可增強食慾，減少便秘的現象。

（五）對運動系統的作用

人體的運動系統由肌肉、骨骼和關節三部分組成。肌肉的收縮對骨骼有牽拉作用，能加強骨骼的新陳代謝，增強骨骼血液的供給。這些可使骨骼的形態結構和性能發生良好的變化，可使骨質變得堅固且有一定的韌性，增強骨骼的抗折、抗彎、抗扭轉的能力，還能增強關節的穩固性、柔韌性和靈活性。

陳氏太極拳螺旋式的纏絲運動，能使全身各部分肌肉群和肌肉纖維得到充分活動。經過反覆的螺旋纏繞運動，能使肌肉拉長到一般運動所不能達到的程度，所以長期堅持練習太極拳，可以使肌肉變得均勻豐滿、柔韌而富有彈性，並能增強其收縮的能力。即將介紹的陳氏太極拳養生功功法裡的幾組纏

調息內氣以養氣

絲勁功法的練習，要求兩手在身前、身側不同位置、不同角度，用不同的姿勢畫著各式各樣的圓，這樣可以從各個方向和角度，最大限度地鍛鍊人體周身各部位的肌肉、骨骼和關節。同時，經常練習太極拳對預防和治療關節炎也有很好的作用。

（六）對經絡系統的作用

人體的健康與經絡和氣血的暢通有著密切的關係。陳氏太極拳是內家拳法，注重的就是練意、練氣、找氣感、練內功。練拳時，要求勁起於足跟，貫註四梢，動作呈螺旋式上升下降，沒有平面，也沒有直線，圓活連貫，使肌肉纖維、韌帶和關節在均勻、自然的反覆旋轉中得到無微不至的運動。這樣，太極拳練習到一定功夫就能感受到肌膚發脹、手指發麻、丹田發沉、膀胱發熱、足跟發重、頭頂發玄和腹鳴等現象。中醫認為這是體內行氣、暢通經絡、舒通氣血的反應。直白而言，所謂「氣感」就是經絡活動所造成的人體感受。我們下文中的種種練習方法，不管是靜態的各種樁功，還是動態的纏絲勁練習、培元養氣法的練習和精要十八式的套路練習，都是促進經絡活動，引動內氣的極佳方法，是經過數百年時間的檢驗和數億太極拳愛好者們的實踐驗證的。

「氣通則百病消」，長期堅持練習太極拳對於防治各種慢性病有顯著效果，對於神經衰弱、神經痛、高血壓、冠心病、心肌梗塞、腸胃炎、肺病、氣管炎、肝炎、腎炎、糖尿病、遺精等病症也都有較好的預防和治療作用。

第二章

簡單實用的
陳氏太極拳基礎知識

陳氏太極拳先輩們留給後人一句話：『基礎不牢，學拳無效。』

這句話簡明扼要地說明了太極拳基本功的重要性。

在練習陳氏太極拳時，一定要注重基礎的練習，只有充分掌握拳法基礎知識，才能在日後的練習中，領悟到更加高深的拳法。

第一節　基本手型動作解說

陳氏太極拳很重視手的作用。《拳論》說：「此藝全是以心運手，以手領肘，以肘領身。」「每一舉一動，其運化在身，表現在手。」又有「梢節領（手為梢節），中節隨，根節催」之說。

從手型講，主要有掌、拳、鉤手三種。

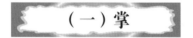

（一）掌

[掌] 陳氏太極拳對掌的要求是「瓦攏掌」，即像瓦片一樣，中間低，兩邊微微隆起，拇指與小指有相合之意，最為突前；食指、無名指居中；中指微向後仰，處於最後。三個層次彼此間均相差半個手指指腹的距離。四指均輕微合攏，但不要用力，掌心要虛。

[掌]　　　　　　[掌側面圖]

（二）拳

[拳] 陳氏太極拳的握拳形式是以四指併攏捲曲，指尖貼於掌心，然後拇指捲曲，貼於食指與中指中節上，握成拳形，但又不能握得太緊。如握太緊會使整個手臂與半側身體肌肉的緊張度增加，呈現僵硬，內勁不能順利達到拳頂。在蓄勁時要虛握拳，在發勁著人的一瞬間成拳，力貫拳頂。

[拳]

使勁由足而生，行於腿、主宰於腰，由肩肘，達到拳頂，周身完整一氣。但注意在發拳時腕部千萬不能軟，拳頂不能上撩，也不能下栽，必須直腕。如果腕部軟塌，拳遇實物就會受傷。

（三）鈎手

[鈎手] 五指合攏，手腕上領提起，腕部鈎住放鬆，不能形成死鈎。如用力死鈎，會使腕部與臂部僵直，失去靈活，阻礙經氣的循行。鈎手可以鍛鍊腕部的旋轉，含有叼手、擒手與解脫擒拿的方法，在套路練習中，鈎手的動作意義不可忽視。

[鈎手]

第二節 基本步型動作解說

　　初學太極拳的人往往只關注於招式動作或套路，大多不太注重步法的練習，這是不正確的。太極拳的步法對學習太極拳有著重要的作用。步法雖是由一些簡單的步型組成，但其實際意義重大。

　　在練習太極拳時，應先練習好各種步型，然後結合拳法套路，將步型運用到其中，理解拳式結構，理解身體上動和下動的關係，這樣才能獲得更好的修煉效果。

（一）中定步

　　[中定步] 雙腳開立，與肩同寬或比肩略寬。屈膝鬆胯，含胸塌腰。立身中正，全身放鬆。頭正，微上頂。頸部放鬆，唇齒微合，舌尖輕抵上齶。襠要開圓，腳踏實地，腳趾、腳外側、腳跟皆抓地，湧泉穴要虛，重心在兩腿之間。如「太極渾元椿」一式即是運用此種步型。

[中定步]　　　　[中定步側面]

（二）弓步

1. 左弓步

2. 右弓步

[左弓步]　　　　　　　　　[右弓步]

　　[左弓步] 左腿為實，右腿為虛；兩腳在一條水平線上。其他要求同上。如「單鞭」一式即是運用此種步型。

　　[右弓步] 右腿為實，左腿為虛；其他要求與左弓步相同，只是方向相反。如「懶紮衣」一式即是運用此種步型。

3. 前弓步

4. 後弓步

[前弓步]　　　　　　　　　[後弓步]

[前弓步]左腿為實在前，右腿為虛在後；兩腳間成45°，恰似踩在一正方形對角線上。其他要求同上。如「斜行」一式即是運用此種步型。

　　[後弓步]左腿為實在後，右腿為虛在前；其他要求同上。如「中盤」一式即是運用此種步型。

　　●師父提醒●

　　一腿為實，一腿為虛。實腿膝蓋與腳跟上下對照，方向與腳尖對照；虛腿腳尖內扣。膝關節微屈，屈中有直。重心三七分（實腿為七分，虛腿為三分）。鬆胯屈膝，襠要開圓，既外開又內合，有「開中有合，合中有開」之意。此類步型統稱「弓步」。具體在動作裡有左、右、前、後之分。

（三）虛步

1. 前虛步

[前虛步]　　　　　　　　　　　　[側面動作]

　　[前虛步]左腿支撐重心，右腳腳尖點在身前；其他要求同上。如「金剛搗碓上步」一式即是運用此種步型。

2. 跟步

[跟步] 右腿支撐重心，左腳腳尖點在身側；其他要求同上。如「六封四閉」一式即是運用此種步型。

[跟步]　　　[側面動作]

3.丁字步

[丁字步] 右腿支撐重心，右腿尖略外擺；左腳腳尖點在身前左側，左右腳正好成「丁」字；其他要求同上。如「白鵝亮翅」一式即是運用此種步型。

[丁字步]　　　[側面動作]

●師父提醒●

虛步總述：「虛步」是一腿支撐重心，另一腿虛足，腳尖點地，膝蓋上領。虛足支撐全身重量的1/10，起支點作用。屈膝鬆胯，虛實分明。根據腳尖點的位置不同，虛步可分為前虛步、跟步、丁字步等。

（四）獨立步

[左獨立步]

獨立步是一種高步法。具體做法是一腿站立支撐身體重心，站立之腿要挺而不直，穩重自然；另一腿屈膝提起，與胯平，腳尖內扣，旋於襠內。如「金雞獨立」一式即是運用此種步型。

[左獨立步]　　　[右獨立步]

（五）仆步

[跌岔]　　　　　　　　　[雀地龍]

[跌岔]、[雀地龍] 仆步是一種低步法，也稱「單跌岔」。一腿屈膝下蹲，一腿伸直撲地，但不能全坐死，臀部離地仍留有約四指距離，使襠內有靈活旋轉力。如「跌岔」、「雀地龍」等式即是運用此種步型。

正宗 陳氏太極拳養生功

（六）坐盤步

[右坐盤]

[左坐盤]

[右坐盤背面動作]

[右坐盤]、[左坐盤] 坐盤步分為左坐盤步和右坐盤步兩種，左坐盤步是右腳在前，左腳在後交叉盤腿下坐；右坐盤步的動作要求與之基本相同，換左腳在前，右腳在後即可。

第三節　基本樁功動作解說

樁功是練習者在練習太極拳時不可忽略的一部分。樁功，動作單純，能讓人摒棄煩躁的情緒，快速集中精神，還能讓人立身中正，周身放鬆，心氣下降，氣沉丹田。每次基本樁功動作練習時應站5～10分鐘，由少到多、由短到長、由高到低，逐漸加大運動量。

（一）太極渾元樁

[太極渾元樁]　　　　　　　　　[側面動作]

　　[太極渾元樁] 兩腳開立，比肩略寬，屈膝鬆胯，含胸塌腰，立身中正，全身放鬆；頭正，微上頂，頸部放鬆，唇齒微合，舌尖輕抵上齶；兩臂弧形環抱於胸前，手心朝裡，指尖相對，相距約十公分（一拳的距離），肩鬆肘沉；襠要開圓，腳踏實地，腳趾、腳外側、腳跟皆抓地，湧泉穴要虛，重心在兩腿之間。

●師父提醒●

　　身體下蹲和手臂鬆落的高度應根據自己身體放鬆程度的情況而定。如腿部受力太累難以放鬆，感覺影響心跳和呼吸頻率，則可以採取高站姿勢；肩部太緊，心氣難以下降，則可採取手臂下落至肚臍以下的輕鬆高度或乾脆兩手相疊合於丹田處。

（二）單鞭椿

[單鞭椿]

　　[單鞭椿] 頭自然正，虛領頂勁，二目平視，唇齒微合；立身中正，沉肘鬆肩，左手立掌，右手為鈎，兩手領勁；鬆胯屈膝，開襠貴圓，左腿為實，右腿為虛，左腳尖外擺，右腳尖內扣；意識集中，周身放鬆，氣沉丹田，降於湧泉。

●師父提醒●

　　初練時功架適當高些，時間可從每次1分鐘逐步增長至3～5分鐘。主要感受鬆肩沉肘、周身放鬆、氣沉丹田、屈膝鬆胯、腳底有根等要求；對有意提高者，可在上述基礎上進一步感覺大開之中所內含的處處合勁以及脊背和襠腰間的感受。

　　有歌訣云：

　　單鞭一式最為雄，　一字長蛇畫西東；

　　擊首尾動精神貫，　擊尾首動脈絡通。

　　當中一擊兩頭動，　上下四旁扣如弓；

　　若問此勢妙何處，　去尋脊背骨節中。

（三）懶紮衣樁

［懶紮衣樁］

　　［懶紮衣樁］頭自然正，虛領頂勁；立身中正，右手立掌展開，左手叉腰，沉肘鬆肩；鬆胯屈膝，開襠貴圓，右腿為實，左腿為虛，右腳腳尖外擺，左腳腳尖內扣。其他要領同上。

●師父提醒●

　　與單鞭樁的左實右虛相對，此式為右弓步。有歌訣云：

　　世人不識懶紮衣，左屈右伸抖神威；
　　伸中寓屈何人曉，屈中藏伸識者稀。
　　襠中分岈如劍閣，頭中中氣似旋機；
　　千變萬化由我運，下體兩足定根基。

（四）斜行椿

[斜行椿]

　　[斜行椿] 步子成斜步，重心在左腿，左腳腳尖朝前，右腳腳尖內扣；鬆胯屈膝，襠勁內扣，左胯放鬆使身體轉朝正前，兩臂伸開，左手鈎手，右手立掌，與步型交叉，成四隅角，目視前方。

●師父提醒●

　　單鞭、懶紮衣等式重點體會的是周身上下、左右的合勁。此式則是上下、左右、前後，處處開中寓合，可謂八面支撐。時間及感受上要領同上。歌訣云：

　　一氣旋轉自無停，乾坤正氣運鴻蒙；
　　學到有形歸無極，方知玄妙在天工。

第四章

陳氏養生太極拳基本功法

太極分陰陽，陰為柔，陽為剛。

太極拳是一種以柔練剛的拳術，

但其「剛」易練，「柔」難求。

只有讓身體「柔」起來，

才能達到真正意義上的「剛」。

陳氏太極拳先哲在多年的傳拳、授藝的過程中，

獨創了一種練習套路前的熱身功法，

這套功法在一般的關節活動操中融入了太極身法，

讓它的實用性和功能性變得更加強大。

多年以來，這套功法不僅受到國內太極拳愛好者的好評，

還深受廣大國際太極拳愛好者的追捧。

第一節　太極關節活動操

在人體中，血屬陰，氣屬陽，血為氣之母，氣為血之帥，血隨氣行。本套關節活動操主要是由腕、肘、肩、頸、臂、腰、髖、膝、踝等關節的活動，使肌肉、筋腱鬆弛，關節舒展，血脈暢通，促進氣血運行。關節活動操作為正式練功前的準備活動，可以振奮精神，強化練功效果；若單獨操練，可舒緩活絡，防治關節炎。但要注意的是，準備活動不宜過多，以身體微微出汗而不氣喘為宜。

（一）活動腕關節

[1]　　　　　　　[2]　　　　　　　[3]

[1～3] 兩腳自然開立，約與肩同寬。兩手十指環扣交叉置於胸前。兩手以腕關節為軸旋轉，動作儘量輕柔，幅度要大，次數不限，以舒適為度。

●師父提醒●

　　肩肘放鬆，兩手互相助推，做立體環繞。順一個方向旋轉若干次後，可倒轉若干次，進而反覆變化，直至感到手腕無比放鬆、靈活便可。

（二）活動肘關節

[1] 兩腳自然開立，約與肩同寬，屈膝鬆胯；兩手臂自然垂於體側，以身體帶動手臂，逆纏進而變順纏走外前上弧形合於腹前。

[2～3] 上身保持運動狀，雙手變逆纏走下弧循腰兩側外開至兩胯側。

[1]

[2]

[3]

●師父提醒●

實際上，該動作就是兩手臂各自以肘關節為軸，在身體兩側同時畫圓。借助身體重心的左右移動，結合鬆胯轉腰造成左右旋轉的太極身法來帶動手臂運行。初學者可能會偏重於活動關節、體會周身運轉的規律等。對精深者而言，此功法同時也是一種運氣、養氣之法。學者自可體會。

（三）活動肩關節

1. 掄臂環繞

[1]

[3]

[2]

[4]

[1～4] 兩腳自然開立，與肩同寬；左手掌撫右胸前，右臂向前——向上——向後——向下環繞為1圈，共轉8圈，再反方向（即按照後——上——前——下的順序）轉8圈，要領同上。

[5]　　　　　　　　　　　[6]

[7]　　　　　　　　　　　[8]

　[5～8] 保持同樣的身姿，按照相同的要領，再掄動左手臂來活動左肩。

●師父提醒●

　　我們轉動整條手臂，目的卻是為了活動肩關節。因此，要想達到較理想的效果，待掌握基本動作姿勢後，一定要將動作與身法相結合，微微屈膝鬆胯，用身體的轉動來帶動手臂，方能將肩關節完全打開。

2.鈎手繞肩

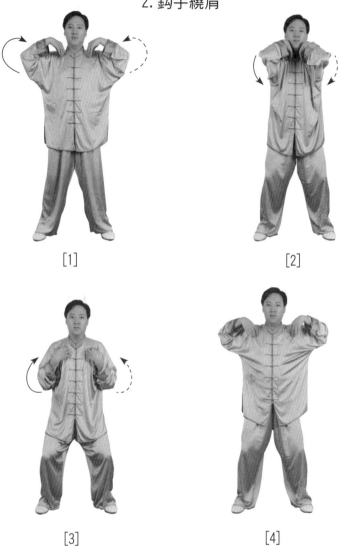

[1]

[2]

[3]

[4]

　　[1～4] 雙手成鈎手，鈎尖置於肩前。以肩關節為軸，兩肘向上、向前、向下、向後旋轉為1圈，共轉8圈，然後再反向，按照前、上、後、下的順序也轉8圈。

[5]

[6]　　　　　　　　　　　　　　　　　[7]

　　　[5～7] 保持身法姿勢不變，再用兩手臂交替向前轉動8圈，而後再交替向後轉動8圈。

●師父提醒●

　　　欲更好地活動肩關節，需注意手臂與身法的結合：兩手同時向前或向後轉動時，身體隨著兩手臂的上領和下沉而同時上升和下降，兩手交替向前或向後旋轉時，則應依次放鬆左右兩胯，用身體的左右旋轉來帶動手臂的上領和下沉。

（四）活動頸部

[1]

[2]

[3]

[4]

[1～4] 兩腳自然開立，與肩同寬；頸部放鬆挺直，頭向上、下、左、右四個方向各微振2次共8拍，再由左、後、右、前旋轉一周，反方向亦可。反覆練習。

●師父提醒●

初練時，要根據自己的實際感受來掌握動作的力度和幅度，由輕至重，由慢至快，循序漸進。不可一上來就過猛過快，不然個別練習者會出現眩暈感而導致瞬間失去身體的平衡。

（五）擴胸振臂

[1]　　　　　　　　　　　　　[2]

[3]　　　　　　　　　　　　　[4]

　　[1～2] 兩腳自然開立，與肩同寬；雙手握拳平抬於胸前，拳心向下；兩腳不動，兩肘外張擴胸2拍。

　　[3～4] 隨兩臂回彈，雙拳變掌，掌心朝上，兩臂成側平舉擴胸2拍。

[5]

[6]

[5～6] 左掌上舉於頭部左側，臂伸直，掌心朝前，右臂垂直
於身體右側，兩臂同時後振2拍，再交換兩手上下位置後振2拍。

●師父提醒●

以上整體動作可根據情況做4～8個8拍，反覆練習。做擴
胸動作，肘或手向後振動時，胸要前挺，與手或肘形成前後的
振蕩平衡；做振臂動作時，隨著手臂的上下振動，身法要與之
配合。具體做法為：左臂上右臂下時，身體鬆左胯且微向左
轉；右臂上左臂下時，身體則鬆右胯微向右轉。

（六）架臂轉腰

[1] [2] [3]

[4] [5]

[1～5] 兩腳自然開立，與肩同寬。雙手握拳兩臂架起與肩同高，拳面相對；兩腳不動，以腰為軸向左右各振動2次。由輕到重，反覆練習。

●師父提醒●

做此動作時，需始終保持一定程度的屈膝鬆胯；周身放鬆，轉動時充分利用身體的慣性。左右都是連續振動兩次，第一次要幅度小些，動作柔慢些，第二次則應加速，力度加強，儘量轉至身體極限角度。

（七）掄臂拍打

[1]　　　　　　[2]　　　　　　[3]

　　[1～2] 兩腳自然開立，與肩同寬。鬆肩、鬆臂、鬆胯、屈膝，腳不動，隨著身體左轉，帶動兩臂甩開拍打身體，右臂拍打左前肩、前胸、肋、腰胯，左手背及前臂拍打右背，眼睛跟隨身體向左後方看。

　　[3] 身體向右轉，動作相同，方向相反。如此自下而上、自上而下隨意拍打，次數不限，以輕鬆舒適為度。

●師父提醒●

　　此動作也是一左一右、來回往復的，所以一是要注意充分利用身體的慣性，越放鬆越自然則效果越佳；二是要逐步養成練習的良好習慣，按照或自上而下、或自下而上的順序，將兩手所能夠到達的部位（如文中所述）都拍打一遍。

（八）活動髖關節

[1] 兩腳自然開立，與肩同寬。兩手虎口叉腰，拇指在前，其餘四指按於腎腧穴上。

[2～4] 腰不動，以髖關節為軸，按左、後、右、前的方向順次旋轉8圈，再反方向旋轉8圈，反覆練習。

[1]

[2]　　　　[3]　　　　[4]

●師父提醒●

　　剛開始，動作柔和一點，幅度小一點，逐步加大幅度，圈由小到大，逐步轉開。轉動時，兩手的輔助支撐及助推作用尤為明顯，自可體會。

（九）活動膝關節

1.開步轉膝

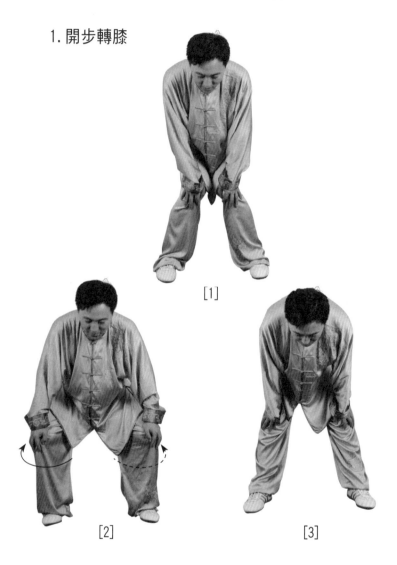

[1]

[2]

[3]

[1〜3] 兩腳自然開立，與肩同寬。雙手手掌按在膝蓋上，以膝關節為軸，同時向裡、向外各旋轉8圈。

2. 併腿轉膝

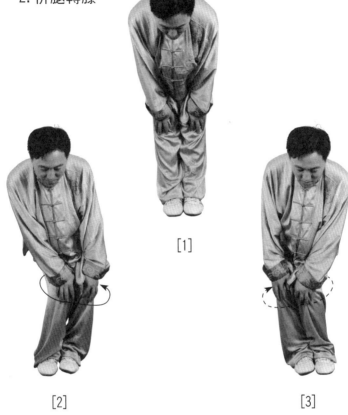

[1]

[2]　　　　　　　　　　　　　[3]

　　[1～3] 兩腳併攏，手勢不變，以膝關節為軸，向左、向右各旋轉8圈。

●師父提醒●

　　不論是開步，還是併腿，轉動膝關節時，要注意兩腳掌的感覺。保持身體的平衡穩定，兩腳始終保持平穩抓地，腳掌的任何部位在任何時候都不能有空虛離地的現象。在此前提下，做最大幅度的轉動。

（十）俯腰下蹲

[1]

[2]

[3]

[1] 兩腿併立，雙腳併攏，雙手按膝，腰向下彎曲振動。

[2] 稍後，十指交叉，兩掌外翻，掌心向下，俯身下壓雙掌，使雙掌盡力接觸地面，反覆練習。

[3] 待雙腿韌帶酸痛感逐漸變強時，雙手按膝下蹲，腿部小幅上下振盪。等腿部酸痛感得到緩解後，起立。重複該動作，反覆練習。

●師父提醒●

下壓和下蹲時都要有身體的上下振盪，往復3~5個來回，效果最佳。認真去做，你會發現每次似乎都能下壓得更低一點，都會有些許的進步。古語講得好：一張一弛，文武之道也。

（十一）活動踝關節

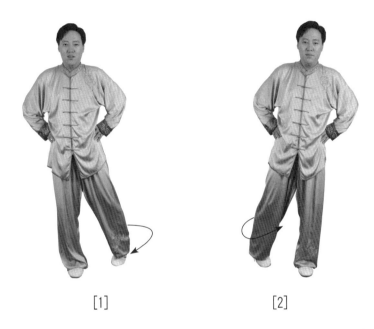

[1]   [2]

    [1]　站姿。雙手叉腰，拇指在後，其餘四指在前，重心在右腿，左腳腳尖點地；右腳不動，以左腳腳尖為支點，以左踝關節為軸順時針或逆時針旋轉。

    [2]　左腳旋轉完成之後，再以右腳腳尖點地，旋轉右踝關節。反覆練習。

●師父提醒●

    依次活動兩個踝關節時，虛腿腳尖點地的位置應在支撐腿的側後方，這樣，腿腳才能充分伸展開，進行有效的立體圓周旋轉。

（十二）弓步壓腿

[1]

[2]

　　[1] 右腿向右邁出一大步，同時膝關節彎曲成90°左右；左腿伸直，左腳橫踩於地，上體與地面垂直；左手插於左腰際，右手放於右膝上，上下起伏振動。

　　[2] 右弓步壓腿完成後，上半身後轉形成左弓步，動作要領不變，完成上下起伏振動。

[3]

[4]

[3] 右腿在原來弓步基礎上，繼續向前踏進一小步，身體完全轉向身體右側；左腳腳掌著地，腳後跟離開地面，上體略向前傾，兩手相疊放於右膝上，加大振動幅度。

[4] 完成右弓步壓腿之後再轉變方向進行左弓步壓腿，反覆練習。

●師父提醒●

　　壓腿的主要目的在於拉展腿部韌帶，因此應將步幅拉開，利用身體自身的重量將力量壓在胯根部位。常見錯誤為因步幅小，身體起伏又大，從而將力點壓在支撐腿的膝關節上。這樣不僅達不到拉展韌帶的效果，長期如此還會傷到膝蓋。

（十三）仆步壓腿

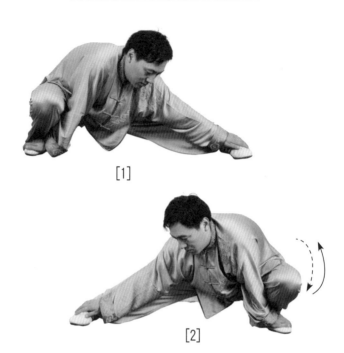

[1]

[2]

[1～2] 兩腳左右開立，右腿屈膝全蹲，腳尖和膝關節外展，臀部接近右腳腳跟；左腿伸直平仆，腳尖內扣，兩腳全腳著地，目視左方，上下起伏振動。一側練習完畢後，轉換方向，反覆練習。

●師父提醒●

　　此動作是利用自身的重量來橫向拉展腿部韌帶。想要做到標準，既需要有一定的腿部力量，還需要腿部韌帶有一定柔韌性。對先天韌帶較硬的練習者，建議順其自然，循序漸進，不可急於求成，手能夠著遠端腳面當然好，如暫時不行，先按著膝蓋亦可。

（十四）裹外擺胯

[1]　　[2]　　[3]

[4]

[1～4] 兩手叉腰，拇指在後，其餘四指在前；將重心移至左腿，右膝儘量裡合上提後外擺至身體右側，然後下落與左腿併攏。用同樣的方法提左腿外擺下落，一左一右，各8次。做完之後變換方向，按同樣的軌跡逆行，先外擺上提，後裡合下落，同樣左右各8次即可。

●師父提醒●

一是支撐腿要穩，這樣另一條腿才能轉動靈活；二是腿上提時速度要快，同時膝蓋儘量上領至最高處，然後自然放鬆下落即可，如此腿部在空中的弧線則自然形成。

（十五）引體向上

[1]　　　　　　[2]　　　　　　[3]

　　[1] 兩腿併立，雙腳併攏，雙手十指交叉，兩掌外翻，掌心向外，兩臂與肩平。

　　[2～3] 兩臂慢慢向上撐起，雙腳腳跟隨著身體上拔慢慢離地，隨動作吸氣；接上動作空中停留片刻後屈膝放鬆，兩臂自然下落交於前方，腳跟同時迅速著地，全身放鬆呼氣，反覆練習。

●師父提醒●

　　上撐要充分，要將整個身體豎直拉展；放鬆下落時要快捷、自然。上升的「緊」和下落的「鬆」對比反差越明顯，這個動作的鍛鍊效果越好。

（十六）彈抖放鬆

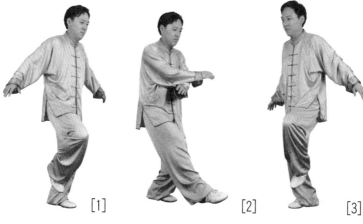

[1]　　　　　　　　　[2]　　　　　　　　　[3]

[4]

　　[1] 左腿屈膝站立，右腳提起，重心落於左腿，鬆胯，兩臂放鬆收縮，身體略左轉。

　　[2] 放鬆彈踢右腳，同時向身體左前下方甩出兩手臂，注意體驗全身各個關節放鬆、舒展的感覺。

　　[3～4] 換提左腳彈抖放鬆，動作相同，方向相反。

●師父提醒●

　　此動作是太極拳功法套路修煉中常用的放鬆之法，尤其是對快速緩解腿部肌肉疲勞有立竿見影之奇效。其關鍵點就在於最後那一「踢」，務必做到周身放鬆，將力量直達腳尖。如此，在力量自上而下傳遞至腳尖的那一瞬間，大小腿肌肉能產生輕微而又高速的顫抖。這種瞬間的顫抖放鬆，能極大地緩解肌肉長時間緊縮而引起的疲勞感。

第二節 太極培元養氣法

太極培元養氣法包括靜坐養氣法、樁功聚氣法及臥功（臥功暫不介紹）。無論哪種方法，都是由放鬆肢體、凝神固氣等方法，挖掘人體潛能，降低基礎代謝，調和七情，使氣血和順，經絡暢通，達到修養身心、益智延年的目的。

（一）太極培元養氣法練功要領

自然呼吸，輕守意念

意念與呼吸姿勢調整好後，隨著腹部輕微的一起一伏，伴以均勻、柔和的自然呼吸。初練時，為了快速聚氣，可採用下沉法引導，即自然吸氣，不加意念。兩耳靜聽自己呼吸之聲，不使之發出粗糙的聲音，隨呼氣意念從心窩鬆至小腹，使心氣下沉於丹田。如此持久練習，丹田會漸漸發熱，待丹田發熱較明顯時，停止引氣下沉，讓恬淡的意念、綿綿的呼吸輕輕止於丹田，此為養氣。

練功時，思想集中於丹田（泛指小腹），意念要輕，不可緊張死守，意識越清淨、越恬淡，體內真氣越容易在丹田匯聚和在經絡中流通。而思想緊張，急於求成，反而會影響真氣的正常運行。《黃帝內經》云：「恬淡虛無，真氣從之」即是此意。身體越放鬆，思想越清淨，內氣就越旺盛，內氣運行也越順暢。

持之以恆，循序漸進

初練靜坐時，採用自然呼吸即可。隨著練功的深入，應逐漸過渡到均勻、柔和、深長而緩慢的腹式內呼吸。腹式內呼吸是按照正確的練功方法，經由持之以恆的練功後自然形成的。因此，初學者不可為了使呼吸達到深長、勻細而故意憋氣，拉長呼吸，失去自然規律。

初練者一般每分鐘呼吸12～14次即可保證呼吸需要，而功深者每分鐘僅需2～3次呼吸即可。

排除雜念，消除緊張

雜念的出現是練功初期的必然現象，會影響練習功效。但初習者不必因此緊張，因為雜念是可以排除的，隨著功夫的加深，雜念會漸漸減少，直至消失。

下面介紹幾種簡單有效的排除雜念的方法

數息法：練功時默數自己的呼吸次數，一呼一吸為一次，從1往後數。這是以一念代萬念之法。

規勸法：練功中出現生活瑣事等雜念時，勸告自己：「現在應專心練功，其他事待練功結束後再做，現在多想也沒用，安心練功吧。」如此勸告自己幾遍，雜念會漸漸減少。

慧劍斬心魔：閉目練功時，雜念過重，難以消除，或出現幻景，沉湎其中難以自拔時，立即睜開雙眼，這時一切雜念及幻景會立即消失，待雜念消失後再繼續練功。因

魔由心生，故此功法名為「慧劍斬心魔」。

∞聽其自然，守住丹田

經過一段時間的靜坐練功，機體內部或體表將因個人
體質不同而產生各種不一樣的感覺，如冷、暖、輕、重、
沉、涼、麻、脹、癢等。起初，一般以四肢末梢感覺最明
顯，漸有腸鳴咕咕之聲，進而全身或局部產生清涼、溫暖
之感或肌肉跳動、肌肉酸麻等現象。這些感覺是練功的正
常反應，稱之為「得氣」。有的人在練功時還會出現山、
水、人物等幻景，不必緊張害怕，這些東西都是虛幻不實
的，是大腦對客觀世界的歪曲反映。對於這些虛幻的東西
也不可追求，刻意追求容易「著相」。只要對所有的幻覺
不動心，不予理睬，輕輕守住丹田，幻景就會自然消失。

太極拳先哲云：「見怪不怪，其怪自敗。」各種幻象
會隨著功夫的加深逐漸變得平靜，恢復到安靜、虛無、平

和的狀態。這時練
習者將會變得心如
止水，呼吸綿綿，
意念似有似無，若
隱若現，真正體會
到恬淡虛無的太極
境界，呼吸方式也
將會自然地過渡到
腹式內呼吸。

（二）圖解靜坐養氣法

1. 自由盤坐

[自由盤坐]

　　[自由盤坐] 坐於寬凳或硬板床上，兩
小腿自由交叉，兩膝離開坐面。面南背北，
兩手臂放鬆，呈圓弧形。手掌相疊於腹前，
右掌在上，左掌在下，掌心均朝上。

●師父提醒●

　　入坐前先寬鬆衣帶，再活動關節片刻，使肌肉、筋膜、關
節得以舒展，便於氣血暢通。靜坐時，背部不能靠牆或倚靠在
其他物件上，同時要注意使空氣流通，避免風吹，避免他人騷
擾。

2. 平坐

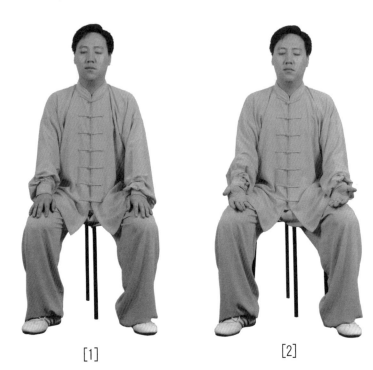

[1]　　　　　　　　[2]

　　[1～2] 平坐於寬凳或木板床上，兩腿分開約與肩同寬，雙腳腳掌平踏於地，大腿與小腿約成直角，兩手掌平放於大腿上，掌心朝上、朝下均可。眼可微閉，也可不閉。

●師父提醒●

　　靜坐時姿勢要求頭自然端正，頸部放鬆，不可僵硬，肩、臂、肘、腕皆要放鬆，胸微合，背部舒展放鬆，腹部寬鬆鎮定，會陰穴微微上提；軀幹正直穩固，不可前俯後仰，東倒西歪；下頜微向內收，唇齒微合，舌尖輕抵上齶，眼微閉，面容輕鬆自然。

3.收功

[收功]

　　[收攻]兩手覆於丹田上，以丹田為中心，順時針揉36圈，面積擴大到胸腹；再反方向揉24圈，圈漸漸縮小，止於丹田。揉畢搓熱雙掌，擦臉12次（健脾）；雙手大拇背搓熱，擦眼眶12次（明目）；兩手掌從腦後將耳郭向前壓，使耳郭緊貼耳孔；以食、中二指敲擊風府穴36次。然後按摩雙腿、雙腳片刻，慢慢起身，練功結束。

●師父提醒●

　　要本著執著、嚴肅、謹慎、真誠的精神刻苦練功，但不可執著功效。古人云：「不可用心守，不可無意求，用心著相，無意落空，似守非守，綿綿若存。」總體原則是：求放心，不動心，勿忘勿助，有意練功，無意成功。

（三）圖解樁功聚氣法

1. 採氣法

　　[1] 兩腳併立，與肩同寬。屈膝鬆胯，立身中正，全身放鬆，兩臂自然下垂於體側；頭自然正，二目微閉，內守丹田，唇齒微合，舌尖輕抵上齶，自然呼吸。

　　[2～3] 接上勢，兩臂慢慢自然順纏外翻向左右兩側上升與頭頂相平，吸氣。

[1]

[2]　　　　　　　　[3]

[4]

[5]

[6]

[4] 兩手繼續上升逆纏裡合於頭上額前，掌心朝下，吸氣盡。

[5～6] 呼氣，兩掌隨身體下沉經胸前下沉，經丹田時稍停。

[7] 繼續放鬆下沉，氣沉腳底，呼氣盡。再上升吸氣，下沉呼氣，反覆練習，使周身內部有上下貫通之氣感。

[7]

●師父提醒●

　　在練習時，呼吸要深長、勻細。吸氣時採天地清靈之氣，由百會貫於丹田，充實全身，行於湧泉，循環不已，體內濁氣、病氣自然排出體外。初學者不易做到，不必強為，隨呼吸自然動作。

2. 抓氣法

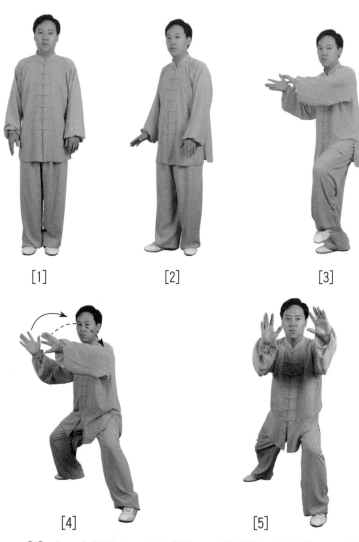

[1]　　　　　　　　[2]　　　　　　　　[3]

[4]　　　　　　　　[5]

　　[1] 立正姿勢站立，屈膝鬆胯，含胸塌腰，頭自然正，頸部
放鬆，唇齒微合，舌尖輕抵上齶，眼平視前方，自然呼吸。

　　[2～5] 右腳腳尖外擺75°左右，提左腳向前開步成左弓步，
兩手走上弧向前推出，目視前方，呼氣。

[6]　　　　　　　　[7]　　　　　　　　[8]

[6～7]上動不停，重心走弧線後移，兩掌變拳抓氣下沉，收於丹田，目視前方。此動作吸氣。

[8～9]接上勢，隨呼氣雙拳變掌由丹田走上弧向體前推出。

[9]

●師父提醒●

　此動作可左右方向反覆練習，使虛實轉換變得圓轉自如，丹田與命門相吸相通。另，呼吸、意念與動作的結合與採氣法大體相同：吸氣時採天地清靈、自然之氣，用手抓進來納入丹田；呼氣時將體內濁氣、廢氣、病氣用手拋出體外。

3.丹田內轉運氣法

[1]　　　　　　　　[2]　　　　　　　　[3]

[4]　　　　　　　　[5]　　　　　　　　[6]

　　[1]兩腳開立，比肩略寬，屈膝鬆胯，二目微閉內視，唇齒微合，舌尖輕抵上齶，呼吸自然，左手手心覆蓋於臍上，右手手掌蓋在左手背上。

　　[2～6]結合身法，虛實轉換，兩手（以看圖的角度來說）以肚臍為中心，由小到大逆時針轉36圈，雙手上止於胸部，下止於腹部；兩手隨身法上升時，吸氣；下降時，呼氣。

[7]　　　　　　　　　　　[8]

[9]　　　　　　[10]　　　　　　[11]

　　[7～11]兩手回歸丹田後，稍定片刻，再換右手在下，左手在上，由大到小順時針轉24圈收於肚臍；呼吸同樣為上升時吸氣；下降時呼氣。還原至初始姿勢。

　　●師父提醒●

　　女士先順轉36圈，再逆纏24圈，雙手上下位置與男子相反。

4. 渾元椿

[1]　　　　　　　　　　[1側面]

　　[1]　兩腳開立，比肩略寬，屈膝鬆胯，含胸塌腰，立身中正，全身放鬆。頭正，微上頂，頸部放鬆，唇齒微合，舌尖抵著上齶。兩臂弧形環抱於胸前，手心朝裡，指尖相對，肩鬆肘沉。襠要開圓，腳踏實地，腳趾、腳外側、腳跟皆抓地；湧泉穴要虛，重心落於兩腿之間。

●師父提醒●

思想清靜而集中，全身放鬆，任內氣自然流行。

112

5. 收功

[1] 兩手向左右下分，身微下沉，屈膝鬆胯；目視前方。

●師父提醒●

兩手分，身下沉，屈膝鬆胯，切勿彎腰。此動作先吸氣後呼氣。

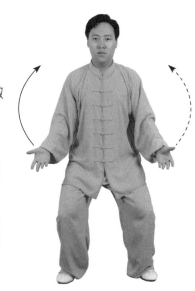

[1]

[2] 兩手同時各向左右畫外弧，上合於兩肩前，目視前方。

●師父提醒●

兩手上升，鬆肩沉肘，胸腹背肌肉鬆弛下沉。此動作吸氣。

[2]

●師父提醒●

　　兩手下按時，呼氣；周身放鬆，氣歸丹田，意形歸原。一套拳練完，心氣平和，自始至終，一氣呵成。一招一式，氣由丹田發起，內走五臟百骸，外走肌膚毫毛，運行一周仍歸丹田。如長江之水滔滔不絕，有來源有去路循環不已，如環無端。

[3]

[4]　　　　　　[5]　　　　　　[6]

[3～6] 目視前方，兩手順身體兩側緩緩下按於兩大腿外側。

[7]

[7] 身體慢慢立起，恢復自然站立姿勢；右腳收於左腳內側併立；兩手掌心朝內，合於兩大腿外側，成立正姿勢，目視前方。

師父提醒
此功法在所有動作結束之後都能使用，是陳氏太極拳主要的收功功法。其用意在於透過動作、呼吸、意念三者的完美結合，將剛剛練功所收穫之氣感收至丹田，儲藏起來。對此動作，已獲氣感者自然知道其重要性；對初學者，亦當認真對待，用心感受，必有所獲。

第五章

陳氏太極拳精要十八式

陳氏太極拳始創人為明末清初戰將陳王廷，距今已有三百多年的歷史。

自陳王廷起，陳家溝陳氏家族世代練習陳氏太極拳。

此套拳法由陳氏太極拳嫡宗傳人陳正雷創編而成，拳法簡單、易學、容易記憶，是太極拳初習者掌握陳氏太極拳運動規律和運動方法的捷徑。

練習陳氏太極拳精要十八式，對強身健體、益壽延年有極大的幫助，因而又被太極拳愛好者稱為「陳氏太極拳養生功」。

第一節　動作名稱

第　一　式　太極起勢

第　二　式　金剛搗碓

第　三　式　懶紮衣

第　四　式　六封四閉

第　五　式　單　鞭

第　六　式　白鵝亮翅

第　七　式　斜　行

第　八　式　摟　膝

第　九　式　拗　步

第　十　式　掩手肱拳

第十一式　高探馬

第十二式　左蹬一跟

第十三式　玉女穿梭

第十四式　雲　手

第十五式　轉身雙擺蓮

第十六式　當頭炮

第十七式　金剛搗碓

第十八式　收　勢

第二節　動作圖解

陳氏太極拳精要十八式是由家父陳正雷從陳氏太極拳老架一路及老架二路中精選組合而成，其主要特點有：纏絲勁明顯，剛柔相濟，柔中寓剛。練習時，要求處處留心源動腰脊，用意貫勁於四梢（即手與足尖），動作呈弧形螺旋，纏繞圓轉並要做到「一動內外俱動」；在動作轉換處要快，一般行拳時要慢；動作要和呼吸運氣相結合，有時也可在呼氣時發聲，以加大勁力。

陳氏太極拳精要十八式簡單、好記、易學，受到了廣大學員的推崇。經由多年練拳教拳的實踐證明，練習陳氏太極拳精要十八式對防治神經衰弱、高血壓、心臟病、關節炎等多種慢性疾病有顯著作用。

第一式　太極起勢

[1] 兩腳併立，成立正姿勢；兩臂下垂於身體兩側，手心向內；頭自然正，唇齒微合，舌尖輕抵上齶，二目平視。

[1]

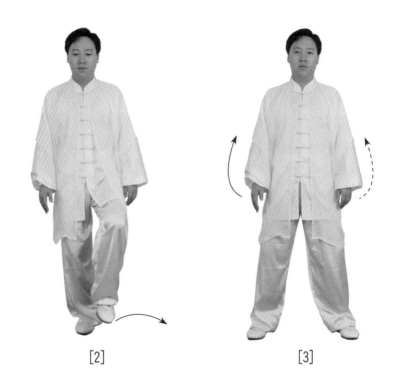

[2]   [3]

　　[2～3] 屈膝鬆胯，身體放鬆下沉，提左腳向左橫開一步比兩肩略寬，腳尖微外擺，腳趾、腳掌外緣、腳跟皆要抓地；湧泉穴要虛，含胸塌腰，鬆肩沉肘，立身中正；頭自然正，虛領頂勁，二目平視。

●師父提醒●

　　橫開步時，重心先移到右腿，提左腳開步，腳尖先著地，慢慢踏平；周身放鬆，氣沉丹田，降於湧泉穴，屈膝鬆胯，下沉時呼氣。此時，腦空心靜，思想高度集中，心中無一所念，渾然如一片無極景象。

[4]

●師父提醒●

　　當兩手上升、身體下降時，胸、背、肋、腹各部肌肉均要鬆弛下沉，促使心氣下降。切忌肩上聳，橫氣塡胸。此動作吸氣。

　　[4] 兩手緩緩上升與肩平，手心向下，鬆肩沉肘。隨兩手上升，身體慢慢下降，屈膝鬆胯，兩腳踏實，二目平視。

　　[5～6] 身體繼續下沉，屈膝鬆胯，兩手隨身體下按至腹前，手心向下，二目平視。

[5]

[6]

●師父提醒●

　　兩手下按時，要立身中正，切忌彎腰突臀，襠部要鬆、虛、活。下蹲時，如坐凳子一樣。此動作呼氣。

第二式　金剛搗碓

[1]　　　　　　　　[2]

●師父提醒●

上掤轉體時，要
結合襠腰勁，鬆胯塌
腰，勁貫手掌。此動
作吸氣。

[3]　　　　　　　　[4]

　　[1～2] 接上勢，身體微向左轉，重心右移，兩手左逆纏右順
纏，走弧線向左前上方掤出，左手掤至左膝上方與肩平，手心朝
外，右手掤至胸前中線，手心朝上，目視前方。

　　[3～4] 身體右轉90°，重心由右腿移到左腿，右腳腳尖外
擺，兩手左順右逆纏向右後，目視左前方。此動作呼氣。

122

[5]　　　　　　　　　　　　　　[6]

　　[5～6] 重心移至右腿，左腿提起，裡合扣襠，屈膝鬆胯，身體下沉且微向右轉，兩手上掤，目視左前方。

●師父提醒●

　　左腿上提，身體下沉，上下相合。切忌彎腰突臀。此動作吸氣。

[7]

　　[7] 左腳跟內側著地，向左前方鏟地滑出，腳尖上蹺裡合，重心在右腿；兩手繼續向右後上方加掤勁，目視左前方。

●師父提醒●

　　向前開步時，身法要端正，左腳向左前開步，兩手向右上掤，形成對稱。此動作呼氣。

[8] [9]

[8～9] 重心由右腿移到左腿，左腳腳尖外擺踏平。身體隨重心移動向左轉45°，兩手左逆右順纏，走下弧向前掤，左手掤至胸前，手心朝下；右手下沉至左膝內上方，手心朝外，指尖朝後，目視前方。

●師父提醒●

轉身，移重心，手前掤要協調一致。塌腰旋襠，襠走下弧向前。左臂保持半圓，掤勁不丟；右臂切勿夾肘，與身體要有一定距離。左膝與左腳跟上下對照，右腿屈膝鬆胯，保持襠勁圓活。此動作先吸氣後呼氣。

[10]

[10] 左手向前撩掌，向上再向內環繞合於胸前右小臂內側；右手領右腳弧線向前上托掌於右胸前與左手相合，左手心朝下。右腳經左腳內側向前上步，腳尖點地，重心在左腿，目視前方。

●師父提醒●

上步時，要屈膝鬆胯，輕靈自然，穩重，兩手與身體有上下相合之意。此動作吸氣。

[11] 左手順纏外翻下沉於腹前，手心朝上；右手握拳下沉落於左掌心內，拳心朝上，目視前方。

●師父提醒●

兩手與身體間距8～10公分，有圓掤之感；隨落拳腰勁下沉。此動作呼氣。

[11]

[12] 接上勢，右拳逆纏向上提起，與右肩平；左腿屈膝鬆胯，提起右腿旋於襠內，腳尖自然下垂，目視前方。

●師父提醒●

提腿時，身體要下沉，有上下相合之意。提拳時要鬆肩沉肘，促使內氣下降，支撐要穩。此動作吸氣。

[12]

[13] 右腳振腳落地，腳掌踏平，兩腳間距約與肩同寬；右拳順纏下落於左掌心，兩臂撐圓，目視前方。

●師父提醒●

右拳、右腳同時下沉，振腳發勁，屈膝鬆胯，氣沉丹田。此動作呼氣。

[13]

錯誤動作

[錯誤1]　　　　　　　[錯誤2]

　　錯誤描述：初學時，此動作常見錯誤有兩手上掤或右攦時，沒做到鬆肩沉肘，而是挑肩架肘導致兩手臂僵硬，兩手也沒達到應到的位置。

[錯誤3]

　　錯誤描述：在提腿開步時，沒有保持身體的豎直中正，造成彎腰撅臀等錯誤。

正宗 陳氏太極拳養生功

第三式　懶紮衣

[1]

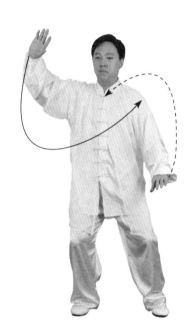

[2]

[1～2] 身體微向左轉，重心右移。右拳變掌，逆纏上掤於頭右側，左手逆纏下按至左胯側。

●師父提醒●

右拳變掌上掤時，先塌腰旋轉，以身催手，弧線上掤，與左手下按配合，形成開勁。此動作吸氣。

[3]　　　　　　　　　　　　　[4]

[5]

　　[3～5] 兩手由雙逆纏變雙順纏畫弧交叉於胸前，左手合於右臂內，手心朝外，右手心朝上；重心移至左腿，提右腿向右側橫開一大步，腳跟內側著地，腳尖上蹺裡合，目視身體右前方。

●師父提醒●

　　手合腳開，同時進行並協同一致，手到腳到，開步要輕靈自然。此動作呼氣。

[6] 身體左轉，重心右移，右手順纏上掤。

[6]

[7]　　　　　　　　　　　[8]

[7～8] 接上勢，身體向右轉，右手逆纏外開至右膝上方，鬆肩沉肘，略變順纏，指尖高與眼平；左手順纏經腹前至身體左側，變逆纏叉腰，四指在前，拇指在後。重心在右腿，眼隨右手轉視前方。

●師父提醒●

開右手時，以腰催肩，勁到鬆肩，以肩催肘，勁到沉肘，略坐腕，勁貫於指尖。鬆胯塌腰，開襠貴圓，右實左虛，右膝與腳跟上下對照，不能前傾、後倒、外撇；左腿挺而不直，膝微屈，腳尖內扣。立身中正，舒展大方。此勢繼續呼氣。

錯誤動作

[錯誤1]

錯誤描述：開步時，沒有做到上下相隨，手合腳開，同時到位，而是先開步，再合手，或是先合手，後開步等。

[錯誤2]

錯誤描述：開步合手後，兩手丟勁兒，出現「趴」掌，未形成立掌。

第四式　六封四閉

[1]

[2]

[1～2] 接上勢，身體右轉，重心略右移，左手從腰間走上弧與右手相合；右手略前引下沉，目視右手中指端。

●師父提醒●
　　左手與右手相合時，與身體右轉、重心右移相結合，兩手坐腕接勁。此動作吸氣。

[3]

[4]

[3～4] 身體左轉，重心左移，兩手左逆右順纏，自右而下向左，目視右前方。

下（攦）時，重心下沉，塌腰，兩手合勁不丟，加外掤勁。此動作吸氣。

[5]

[5] 身體繼續左轉，兩手繼續左逆右順纏，向左後上方，重心右移，目視左前方。

●師父提醒●
變上攦時，兩手不能偏後，右臂勁不能丟。此動作吸氣。

[6] 上動不停，重心繼續右移，兩手變左順右逆纏向上畫弧，合於左肩時，身體略右轉，目視右前方。

[6]

●師父提醒●
　　在由攦變按時，兩手下攦上合，均由襠腰左移右旋，鬆肩沉肘，旋腕轉膀，使勁不丟不頂，圓轉自如，轉折順遂。此動作吸氣。

[7]　　　　　　　　　　[8]

[7～8]　重心不變，身體微向右轉下沉，兩手合力走弧線向右前下方按，左腳收於右腳內側20公分處，腳尖點地。目視右前下方。

●師父提醒●

雙手下按時，要鬆胯塌腰，鬆肩沉肘，兩手合力隨身體下沉前要協調一致。此動作呼氣。

[錯誤]

錯誤動作

錯誤描述：在最後兩掌下按時，未能周身放鬆、鬆胯下沉，將周身之力鬆貫於兩手上；而是兩臂僵硬，用僵勁拙力下按，同時還會造成身體歪斜、彎腰撅臀。

第五式 單 鞭

[1] 接上勢，身體微右轉，兩手雙順纏，左前右後旋轉，手心朝上。重心在右，左腿以腳尖為軸，膝隨身轉裡合，目視兩手。

●師父提醒●
　兩手旋轉時要圓活，不能有抽扯之型。此動作吸氣。

[1]

[2]

[3]

[2～3] 身體左轉，重心在右，左腿以前腳掌著地，膝隨身轉外擺；右手逆纏，五指合攏，走弧線，腕向上提與肩平；左手心朝上，隨身轉下沉於腹前，左肘掤勁不丟。

●師父提醒●
　右手變鉤手上提時，隨身體旋轉，塌腰、鬆肩、沉肘，以腰為軸，節節貫穿。此動作為開，呼氣。

135

[4]

[4] 身體右轉，重心全移至右腿，左腿屈膝提起，左膝內扣；右手腕領勁，左手不動，鬆肩沉肘，上下相合，目視左前方。

●師父提醒●

右腿支撐重心，上下相合，切忌彎腰突臀。此動作為合，吸氣。

[5] 右腿支撐重心，左腳跟內側著地，向左鏟地滑出，腳尖上蹺裡合，右手腕領勁，左手下沉合勁，目視左前方。

●師父提醒●

立身中正，掤勁不丟。此動作為開，呼氣。

[5]

[6]

[6] 身體微左轉，重心左移，成左弓步。

●師父提醒●

移重心時，襠走外下弧線，旋轉移動，左膝不能超過左腳腳尖。

[7] 身體右轉，重心右移；左手穿掌上行，逆纏外翻至右胸前，目視前方，瞟視左手。

第五章　陳氏太極拳精要十八式

●師父提醒●

左手外翻時，不能挑肩架肘。此動作吸氣。

[8]　　　　　　　　　[9]

[8～9] 身體微左轉，左手逆纏外開至左膝上變順纏放鬆下沉；目隨左手送至體側後，再轉視正前方。

●師父提醒●

左腳腳尖外擺，右腳腳尖內扣，鬆胯屈膝，立身中正，虛領頂勁，鬆肩沉肘，兩臂與兩腿有上下相合之意。此動作為外開內合，呼氣。

錯誤動作

[錯誤1]

　　錯誤描述：提腿開步時，支撐腿未做到鬆胯下沉、上下相合，所以就會出現腳跟不穩、身體歪斜的情況。

[錯誤2]

　　錯誤描述：最後定勢時，要呼氣下降、周身放鬆、屈膝鬆胯、鬆肩沉肘，於大開之中體會大合。不可頂胯挺肩，周身僵硬，形成門戶大開之勢。

第六式　白鵝亮翅

[1]

[2]

[1~2] 身體左轉，左腳腳尖外擺。右手鉤手變掌，雙手順纏交叉合於胸前。左手手指朝上，手心朝右；右手手心朝上，指尖朝前上，目視右前方。

[3]

[4]

[5]

[3～5] 接上勢，身體左轉，重心移到左腿，上右步。

[6]

[7]

[8]

[6～7] 接上勢，身體微左轉，重心右移，右手由順變逆外翻至掌心向外，兩手同時向外加掤勁。

[8] 身體右轉，兩手同時逆纏外開，左手下按至左膝上方與胯平，手心朝下；右手上掤，手心朝外，兩臂呈半圓弧形。同時，左腳上步收至右腳左前方，腳尖點地，目視前方。

●師父提醒●

　　周身下沉、合手、擺腳尖、移重心、提腿上步等一系列動作，要做到順勢、順序而為，初學時不要急，一步一步來，反覆多練，動作熟練後再逐步做到動中有序、順送自然。最後定勢時，要注意呼氣下沉，周身放鬆，一方面由鬆胯屈膝將氣沉到腳底；另一方面，注意保持身體的自然豎直，同時注意兩手要外撐掤圓。

錯誤描述：由「單鞭」轉身時，不移重心，不擺腳尖，直接去合手。

[錯誤1]

錯誤描述：「白鵝亮翅」最後定勢時，兩手在上下打開的過程中拉得過開，完全拉散了。周身上下沒有了合力，毫無「渾然一圓」之感。

[錯誤2]

第七式 斜 行

[1]

[1] 接上勢，腳步不動，身體左轉，左手逆纏後擺；右手順纏，鬆肩沉肘，向左前畫弧擺動，目視左前方。

●師父提醒●

以身帶手，催動兩臂轉動，如風擺楊柳一樣。此動作吸氣。

[2]

[2] 接上勢，身體右轉，右腳腳尖右擺，左腳腳尖著地，左膝裡合；左手隨身體轉動之時自左後向右上畫弧，合於鼻前中線，立掌，掌心朝右；右手逆纏畫弧下按於右腿外側，手心朝下，目視左前方。

●師父提醒●

兩手轉動時，以腰為軸，頂勁領起。此動作呼氣。

[3]　　　　　　　　　　[4]

[3～4] 接上勢，重心移至右腿，左腿屈膝提起，兩手向右上掤，目視身體左前方。

●師父提醒●

　　兩手上掤，身體下沉，右腿支撐重心，屈膝鬆胯，上下相合。此動作吸氣。

[5] 接上勢，身體下沉，左腳腳跟內側著地向左前方開步，腳尖上蹺，兩手繼續上掤，目視身體左前方。

●師父提醒●

　　開步時，兩手上掤，腰勁下塌，上下對稱。此動作呼氣。

[5]

[6] [7]

[6～7] 接上勢，身體左轉，重
心左移，左手逆纏，隨身體左轉走
下弧至左膝下；右手順纏向後環繞
變逆纏合於右耳下，目視左前方。

●師父提醒●
　身體旋轉與重心移
動要協調一致。

[8]

[8] 接上勢，身體繼
續左轉，重心在左，左手
五指合攏變鈎手，弧線上
提至肩平，右手立掌合於
胸前，目視前方。

●師父提醒●
　左手上提時，手腕
放鬆領勁。

[9]　　　　　　　　　　　[10]

　　[9〜10] 接上勢，身體右轉，右手逆纏畫弧向右拉開，鬆肩沉肘，含胸塌腰，鬆胯屈膝，目視前方。

●師父提醒●

　　此勢兩手兩足位四隅角，要立身中正，舒展大方，開襠貴圓，虛領頂勁，上下四傍，八面支撐，謂之「中定身法」。此動作呼氣。

錯誤動作

[錯誤]

　　錯誤描述：在開步後，左手走下弧下沉時，應鬆胯轉腰，用周身下沉之力帶動兩手臂運行。切忌身體前探，彎腰頂胯，用向前俯身的動作去送左手。

第八式　摟　膝

[1] 接上勢，身體下沉，鬆胯屈膝下蹲；兩手先逆後順略上領，再變順纏下合於左膝上方，重心在左腿，目視前下方。

●師父提醒●

兩手下合時，要身法正直，隨身下沉，兩手如捧水一樣合勁不丟，此動作先吸氣後呼氣。

[1]

[2]

[3]

[2～3] 接上勢，兩手領勁上掤，左手在前，右手在後，立掌於胸前中線，隨手上領，重心移至右腿；左腳收回至右腳左前方，腳尖點地，屈膝鬆胯，目視前方。

●師父提醒●

重心走下弧後移至右腿，左腿收回要自然。此動作吸氣。

　　錯誤描述：兩手下沉相合時，要鬆胯塌腰，周身放鬆下沉，利用身體整體的下降將周身之力合於手上；不可彎腰前探，失掉身法。

第九式 坳 步

[1]

[1] 接上勢，身體微右轉，兩手右逆纏左順纏向後下，左腿屈膝提起，重心在右腿，目視前方。

●師父提醒●
下攦時掤勁不丟，提腿時上下相合，右腿要穩。此動作呼氣。

[2] 接上勢，身體微左轉，左腿向前上步，腳跟著地，腳尖上蹺，重心在右腿；同時兩手左逆右順纏，向上向前掤，目視前方。

●師父提醒●
向前邁步要自然，兩手畫弧上掤下攦，要與身法自然相合。兩手上翻時吸氣，下沉時呼氣。

[2]

[3]

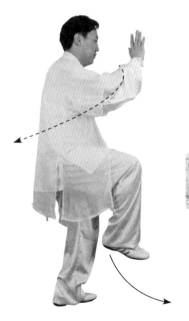

[3～4] 接上勢，身體左轉，重心移至左腿，左手逆纏下按，右手逆纏向前推出；右腿屈膝提起，目視前方。

●師父提醒●

步法穩重，上步輕靈自然。此動作先呼氣後吸氣。

[4]

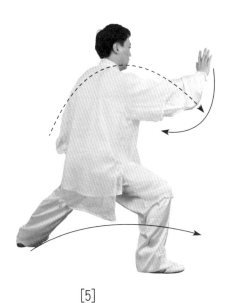

[5]

[6]

　　[5～6] 接上勢，右腿向右前上步，身體微左轉，左手下沉，右手前推，目視前方。

●師父提醒●

　　上步如貓行，輕靈自然；兩手似車輪，滾滾向前。

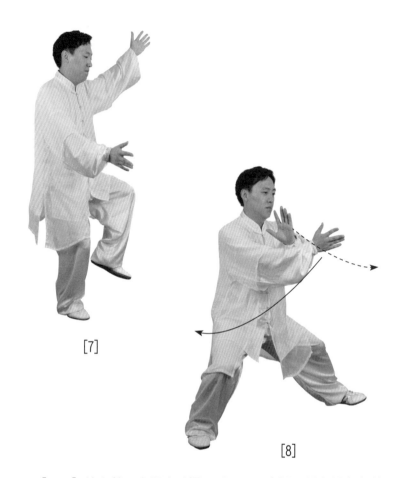

[7]

[8]

[7～8] 接上勢，右腳尖外擺，重心移至右腿，提左腿向左前方上一步；身體隨上步自左向右轉體90°；右手順纏下沉，左手逆纏上翻畫弧變順纏，與右手交叉相合於胸前，重心偏右腿，目視前方。

●師父提醒●

移重心上步時，身體不能上提，兩手交叉，掤勁撐圓，立身中正。此動作接上勢，先吸氣後呼氣。

[錯誤1]

[錯誤2]

　　錯誤描述：拗步是得機得勢、乘勝追擊的連續進擊身法，運行時下盤穩固，身法靈活，兩手應如車輪，滾滾向前。切忌頂胯直臂，兩腳不穩，身體搖晃。

第十式　掩手肱拳

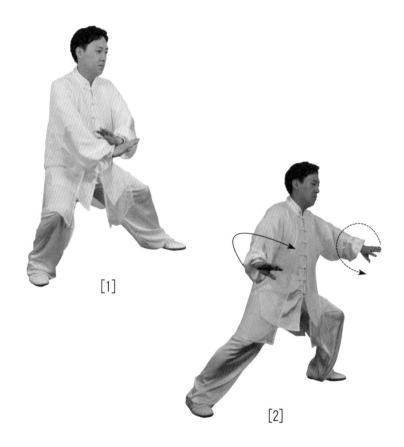

[1]

[2]

　　[1～2] 接上勢，身體略左轉，重心左移，兩手逆纏自下向左
右分開，目視前方。

●師父提醒●

　　兩手分開時，以身帶手，沉穩圓活，此動作接上勢，繼續
呼氣。

[3]

[4]

　　[3～4] 接上勢，重心右移，身體略右轉，右手順纏上翻變拳合於右腰間，拳心向上；左手由逆纏變順纏，立掌合於胸前正中線，目視前方。

●師父提醒●

　　握拳合勁時身體中正下沉，鬆胯屈膝，勁合於右腿，蓄勁待發。此動作吸氣。

[5] 接上勢，右腿蹬地裡合，身體迅速左轉，重心快速移至左腿，鬆左胯，右拳逆纏螺旋前衝，左肘向後發勁，目視右拳前方。

●師父提醒●

發勁時，撐腰轉襠，將右拳突然衝出，前拳後肘，對稱發力，完整一氣。

[5]

錯誤動作

錯誤描述：陳氏太極之發力，如金獅抖毛，貴在鬆活彈抖、完整一氣。其威力無比，同時也脈絡清晰。「力源於腳，行於腿，主宰於腰，發於梢」。蹬腿、鬆胯、轉腰，由根源直達梢節。不可腳不蹬、身不轉、腰不動、重心不移，純粹用胳膊硬搗出去。

正宗 陳氏太極拳養生功

第十一式　高探馬

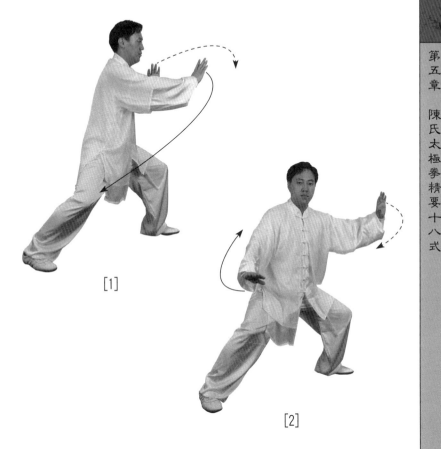

[1]

[2]

[1～2] 接上勢，重心不變，兩拳變掌，先微左轉相合，再身體右轉，左手逆纏前掤，右手逆纏下分，目視前方。

●師父提醒●

　　手臂分開時，隨襠腰旋轉，身法中正，兩臂掤勁不丟，有支撐八面之勢。此動作呼氣。

[3]

[4]

[3～4] 接上勢，身體左轉，重心右移，右腳腳尖內扣；右手順纏外翻至身體右側與肩平，再變逆纏合於右肩前，左手順纏裡合。目隨右手旋轉，再視左前方。

●師父提醒●

右手外翻上掤旋轉時，要開胸鬆胯，有開中寓合之勢。此動作吸氣。

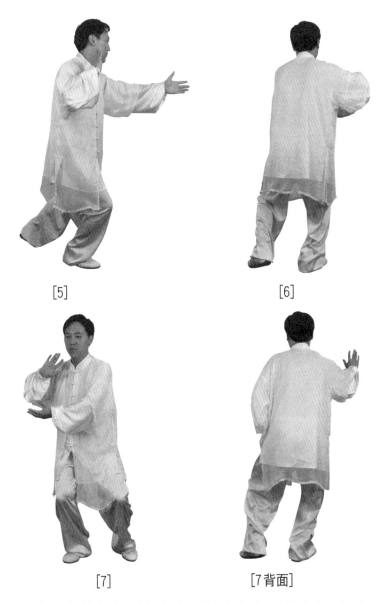

[5]　　　　　　　　　　　[6]

[7]　　　　　　　　　　[7背面]

　　[5〜8] 接上勢，身體左轉，重心在右腿，左腳向左後畫弧，收於右腳內側，腳尖點地；同時右臂鬆肩沉肘，順纏向右側推；左手順纏收至腹前與臍平，手心向上，目視右前方。

[8]

✗

錯誤描述：陳氏太極拳在修煉過程中，不論動作是剛是柔、是快是慢，其共同的原則是：勁兒，蓄而後發。在高探馬動作中，勁兒蓄好後，掃腿轉身，鬆沉推掌，一氣呵成。切忌手上沒有開合的過程，直接擺過來，也不能腳下僵硬，把後掃腿做成撤步後蹬。

第十二式　左蹬一跟

[1～2] 接上勢，左手逆纏外掤，右手先順纏略向裡合，再逆纏與左手同時外掤，兩手心均朝上；同時，重心移到左腿，提右膝向右橫開一步。

[1]

[2]

[2正面]

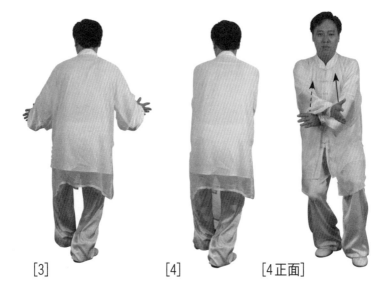

[3]　　　　　[4]　　　　　[4正面]

　　[3～4] 重心右移至右腿，兩手下沉相合；同時，將左腳收於身前，腳尖輕點著地。

　　[5～6] **兩**手輕握拳，順纏裡合於胸前，拳心向下；同時，左腿屈膝提起，腳尖放鬆，懸於襠內。

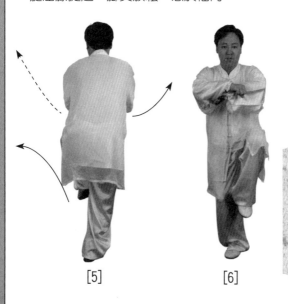

[5]　　　　　[6]

●師父提醒●

　　身體下沉，提腿，屈膝鬆胯，上下相合，兩肘外掤，蓄而待發。此動作吸氣。

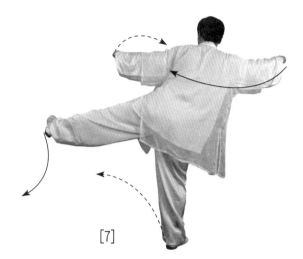

[7]

〔7〕接上勢，右腿支撐重心，身體略右傾，左腳用腰襠彈力向左側平蹬與腰平。兩拳分別向左右衝擊，力貫拳面。

師父提醒

右腿支撐要穩，左腳和左右拳要同時發勁，要「縮身如猬形，吐氣貫長虹」。此動作呼氣。

✕

錯誤描述：

蹬腿時，左胯外送，身體右傾，但支撐腿仍保持屈膝鬆胯的一定程度，腳底站穩；同時兩拳外掤時應保持水平。不可隨著身體的傾斜，頂胯架臂，造成周身僵硬，兩拳上歪下斜。

第十三式　玉女穿梭

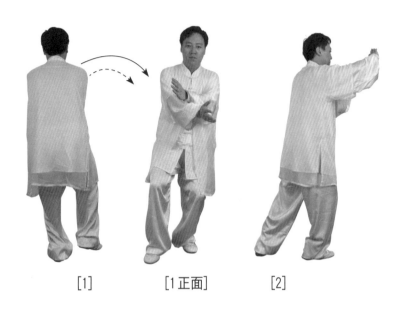

[1]　　　　　[1正面]　　　　　[2]

[1] 接上勢，左腳落地，收右腳，兩拳變掌順纏裡合於腹前。

[2～3] 身體右轉，兩手隨之右轉掤於胸前，立掌，右手在前，左手在後，同時右腳以腳尖為軸右膝外擺，左腳腳尖內扣隨身右轉。重心在左腿，目視前方。

●師父提醒●

轉身時要以腰催肩，以肩催肘，掤於手。此動作先吸氣後呼氣。

[3]

[4] 接上勢，屈膝鬆胯，身體下沉，兩手雙逆纏下合，目視前方。

●師父提醒●

隨身體下沉，雙手下按，切勿彎腰。此動作接上勢身體下沉時，呼氣。

[4]

[5] 接上勢，兩手順纏迅速向上領起，雙腳隨之上縱離地，目視前方。

●師父提醒●

以手領勁，周身一致，上縱輕靈。此動作吸氣。

[5]

[6] 左腳後起先落，右腳先起後落，雙振腳落地，雙手逆纏隨之下按，目視前方。

●師父提醒●

振腳落地，兩手下按要沉重有力，完整一氣，立身中正。此動作呼氣。

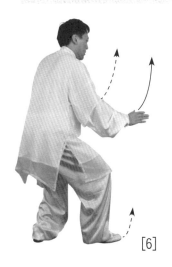

[6]

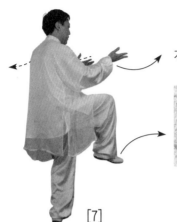

[7] 接上勢，兩手逆纏上掤，右腿隨之屈膝提起，目視前方。

[7]

[9]

[8]

[8～9] 接上勢，重心在左腿，身體迅速左轉，右腿裡合外蹬，右掌逆纏前推，左手逆纏，向左後發肘勁，目視右前方。

166

正宗 陳氏太極拳養生功

[10] 接上勢，右腳跨步落地，重心移至右腿，身體微右轉，左掌略下沉，目視前方。

●師父提醒●

此勢為跳躍的過渡動作，右腳落地即起，用右腳前掌彈地蹬起前躍，此動作先吸氣後呼氣。

[10]

[11]

[12]

[11～12] 接上勢，右腳蹬地彈起前縱，身體在空中向右旋轉180°，左手逆纏向左猛推，右掌向右開；左腳先落地，右腳從左腳後插過，腳尖著地，目視左側。

●師父提醒●

此勢為下勢過渡動作，練習時可以不停，落地輕穩，身法中正。

[13]

[14]

　　[13～14] 接上勢，身體右轉180°，重心移至右腿，左腿隨轉身裡合；同時，兩手隨轉體左順右逆由左向右後轉，目視左前方。

●師父提醒●

　轉身時，身法下沉，兩手掤勁不丟，此動作吸氣。

第十四式　雲　手

[1]　　　　　　　　　　[1正面]

[2]　　　　　　　　　　[2正面]

[1] 重心保持在右腿，提左腿向左側開步；兩手右上左下，繼續向右向外加掤勁。

[2] 重心移至左腿，身體左轉；左手先順後逆纏外翻上掤，右手先逆後順纏走下弧裡合。

[3]

[3正面]

　　[3] 重心保持在左腿，身體繼續左轉，帶動兩手繼續向左運行，左手上掤至身體左前上方，右手合於腹前；同時，右腳插步於左腳左後方；目視左前方。

●師父提醒●

　　該動作以腰為軸，兩手在體前分別向左右兩側畫弧，如車輪滾翻，上下往返。如此一開一插為一步，共三步。

第十五式　轉身雙擺蓮

[1]

[2]

[3]　　　　　[4]　　　　　[5]

　　[1～2]　接上勢，兩手左順右逆纏向右後方攦；身體先以左腳腳跟為軸，再以右腳腳跟為軸向右後旋轉180°。最終重心在左腿，左手位於胸前中線，掌心朝上，右手拉於右肩前，掌心向外，目視右前方。

　　[3～5]　接上勢，重心右移，身體微右轉，左腿屈膝提起，向左前方開步；兩手向右後方掤，目視前方。

[6]

[7]

[6～7] 接上勢，身體向右轉，重心左移，兩手由後轉為走下弧向前合勁，左手高，右手低，合於右腰側，目視前方。

[8]

[8] 接上勢，重心在左腿，提右腿向左走下弧向上，再向右擺擊，兩手掌向前與右腳外側拍擊相合，目視前方。

●師父提醒●

擺腳與手合擊的速度要快，勁力完整一氣，此動作先吸氣後呼氣。

錯誤動作

[錯誤1]

[錯誤2]

　　錯誤描述：打腳前，兩手應上下相合於身前，左手高，右手低，各自保持一定的弧度；不應直愣愣地端在一個高度上（如錯誤1所示）。打腳時，腳向後擺，兩手向前與腳在空中相合，同時保持身體的中正；不能彎腰俯身，用手去拍腳，反而會極大程度地限制腳的上揚外擺。

第十六式　當頭炮

[1] 接上勢，拍腳後，右腿向右後撤一步，兩手逆纏向左上掤，重心在左腿，目視前方。

●師父提醒●

拍腳後步要穩，上引下進協調一致。此動作吸氣。

[1]

[3]

[2]

[2～3] 接上勢，身體微右轉，重心移至右腿；同時，兩手左順右逆纏隨重心後移下攦再變拳合於右胸側。

●師父提醒●

兩手下攦，隨重心移動轉身一致，切勿彎腰。此動作先呼氣後吸氣。

[4] 接上勢，右腳蹬地，重心迅速由右腿移至左腿，身體隨之左轉；同時兩拳合力向前發勁，拳眼向上，拳心相對，目視前方。

●師父提醒●

心意一動，猝然抖發，如金獅抖毛，猛虎下山，完全是腰襠的彈抖勁，力貫拳頂。此動作呼氣。

[4]

錯 誤 動 作

錯誤描述：如上所述，最終兩拳合力打出後應拳眼向上，拳心相對；且兩臂不宜伸得太直，勁出八九分即可。切忌拳眼相對，胳膊伸直。

第十七式　金剛搗碓

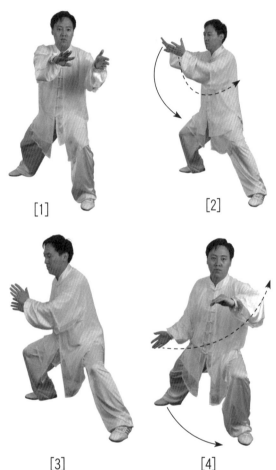

[1]　　　　　[2]

[3]　　　　　[4]

[1～2]

接上勢，兩拳變掌左順右逆向右後上方帶，同時重心由左向右移。

[3～4]

接上勢，重心由右腿移至左腿，左腳腳尖外擺踏實，身體隨重心移動向左轉45°；兩手左逆右順纏走下弧向前掤，左手掤至胸前，手心朝下；右手下沉至右膝內上方，手心朝外，指尖朝後，目視前方。

●師父提醒●

轉身，移重心，手前掤要協調一致。塌腰旋襠，襠走下弧向前。左臂保持半圓，掤勁不丟；右臂切勿夾肘，與身體要有一定距離。左膝與左腳跟上下對照，右腿屈膝鬆胯，保持襠勁圓活。此動作先吸氣後呼氣。

正宗 陳氏太極拳養生功

[5] 左手向前撩掌，向上再向內環繞合於胸前右小臂內側；右手領右腳弧線向前上托掌於右胸前與左手相合，左手心朝下。右腳經左腳內側向前上步，腳尖點地，重心在左腿，目視前方。

●師父提醒●

上步時，要屈膝鬆胯，輕靈自然、穩重，兩手與身體有上下相合之意。此動作吸氣。

[5]

[6] 左手順纏外翻下沉於腹前，手心朝上；右手握拳下沉落於左掌心內，拳心朝上，目視前方。

●師父提醒●

兩手與身體間距8～10公分，有圓（掤）之感；隨落拳腰勁下沉。此動作呼氣。

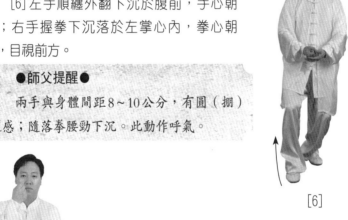

[6]

[7] 接上勢，右拳逆纏向上提起，與右肩平，左腿屈膝鬆胯，提起右腿旋於襠內，腳尖自然下垂，目視前方。

●師父提醒●

提腿時，身體要下沉，有上下相合之意；提拳時要鬆肩沉肘，促使內氣下降，支撐要穩。此動作吸氣。

[7]

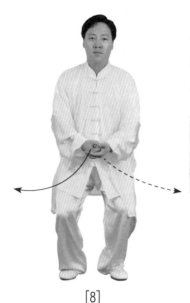

[8] 右腳振腳落地，腳掌踏平，兩腳間距約與肩同寬；右拳順纏下落於左掌心，兩臂撐圓，目視前方。

●師父提醒●

右拳、右腳同時下沉，振腳發勁，屈膝鬆胯，氣沉丹田。此動作呼氣。

[8]

錯誤描述：振腳砸拳時，應保持重心在左腿，讓右腿和右拳自然下落，利用意念給它們一個加速度即可，振腳發力後重心仍在左腿。

●師父提醒●

不能用僵勁拙力，有意地去用力跺腳，造成身體的明顯傾斜和力量的偏重。

第十八式　收　勢

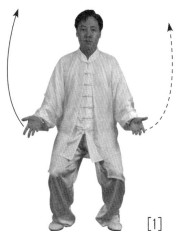

[1] 接上勢，右拳變掌，兩手向左右下分，身體下沉，屈膝鬆胯，目視前方。

●師父提醒●

兩手分，身下沉，切勿彎腰。此動作先吸氣後呼氣。

[1]

[2]

[3]

[2～3] 接上勢，兩手同時各向左右畫外弧合於兩肩前，目視前方。

●師父提醒●

兩手上升，鬆肩沉肘，胸、腹、背各部肌肉均鬆弛下沉。此動作吸氣。

[4] 　　　　　 [5]

[4～5] 接上勢，
兩手順身體兩側緩緩
下按於兩大腿外側，
目視前方。

●師父提醒●

　兩手下按，呼氣，周身放鬆，氣歸丹田，意形歸原。一套拳
練完，心平氣和，自始至終，一氣貫通。

[6] 接上勢，身體慢慢
立起，恢復到自然站立姿
勢，目視前方。

[6]

附錄

一、太極拳給了我人生的第二個春天

　　我年齡雖然不大，但已經有將近七年的糖尿病史，並且伴隨著間斷性心律不整等症狀。為了使身體康復，我六年時間沒有上班，為自己制訂了一系列健身計畫。我嘗試過跳民間舞、踩健身石子、練藝術體操等，可最後都因為自己體力不支而無法繼續下去。

　　2003年春天，一次偶然的機會，我認識了徐小明老師，了解到陳氏太極拳。在徐老師和朋友的鼓勵下，我開始學習陳氏太極拳。

　　練拳初期，我帶著些許新鮮感，感覺練習得有點意思，練了一段時間後，發現自己的體力並沒有像以往做別的運動那樣無法堅持，於是就暗暗對自己說：「再練練吧，對自己一定有好處的。」就這樣，我開始堅持練習改變了我一生的陳氏太極拳。

　　過去，因為身體的原因，我一般每一個月或兩個月都要進行一次體驗。在練習陳氏太極拳兩個月後，我感到最明顯的變化是體重在下降，體檢時稱了一下，體重減掉了

約10斤，身體的各項指標也有了明顯的改變：血糖指數從原來的8.2下降到了7.3左右。當時，我的心情真的無法用言語表達，腦子裡只有一個念頭：我一定要堅持下去。

練拳三個月後，我再次去體檢。我的血糖指數幾乎達到了正常的水平，並且醫生告訴我以後不用再服藥，只需要注意調理飲食。

按常理來說，長期服用降糖藥會影響人體的肝、腎功能，所以一直以來，需要服用降糖藥降壓也是我的一塊心病。當我手裡拿著這份化驗單時，我的眼淚止不住地往下流，我不知道我應該幹點什麼，或者是說點什麼。當時，我唯一想到的是上帝對我真的很公平。我到現在依然認為2003年的春天是一個美麗而真實的春天。

接下來，我跟著徐老師學習了陳氏太極拳精要十八式和老架一路的整個套路。

練習陳氏太極拳半年時間後，我又走上了工作崗位，並且再次成為了單位的骨幹。人的一生需要感謝的人太多太多，在這裡我最想感謝的只有兩個：一是對我有生養之恩的父母；二是陳氏太極拳和徐小明老師，是陳氏太極拳給我的人生帶來了第二個春天。

學員：王荊芃

二、陳氏太極拳養生功，我生命中的保護神

　　我是一名女性，今年已經60歲了。年輕時，我曾在部隊服過兵役，服役期間受過一段時間的專業訓練。那時的我不懂養生，經常在高強度訓練之後洗冷水澡、喝冷飲、吹涼風等。結果到了30歲，肥大性脊椎炎、類風濕性關節炎和功能性子宮出血等多種疾病纏上了我，34歲那年，疾病的困擾讓我無法正常工作，只得住院治療。治療後，我身體的健康狀況雖有所改善，但依然提不起精神，突發性耳聾和類風濕性關節炎使我幾乎成了一個僵死人：早上從床上下地後站不起來，好不容易站起來了，又半天邁不開步子，腳痛得不敢著地。

　　到醫院去看病，醫生說單靠藥物無法痊癒我的病，要我適當參加一些體育鍛鍊。我於2002年年初開始學習國家推廣的24式太極拳簡化套路，後又學習陳氏太極拳老架一路，但都因身體僵硬、行拳時力不從心而放棄了練習。

　　2005年，我有幸接觸了「陳氏太極拳養生功」。陳氏太極拳養生功裡面的關節活動操、樁功聚氣法和收功動作一下子就吸引了我，這些動作簡單易學，運動量不大，經過一個小時的活動，我不僅沒有感覺力不從心，反而感覺全身舒服、通暢。

　　於是，我放棄了太極拳套路的練習，專心修煉養生功的基礎動作。一年後，我開始有了眼淚和唾液，心也不再像以前那樣慌亂了；兩年後，我的大腿有了放鬆的感覺；

三年後，我感到有一股力量從腳下向身體上方湧動，我全身酸軟、無力的症狀也在逐漸消退；四年後，我的頭腦反應比之前靈敏了，頭頂也沒有了空虛感，眼睛變得有神了，熊貓眼也消去了；五年後，我的腰椎和頸椎感到輕鬆了，腳下也有了知覺，胃腸功能明顯好轉，面部皮膚也變得滋潤了許多；六年後，我的肩部變得鬆弛了，背部也不痛了，髖關節也有了知覺，膝關節能撐住了，腳掌能平穩地著地了，腳背、腳趾也逐漸能活動了。

現在，儘管我周身的僵硬感並未完全消退，但練習陳氏太極拳養生法之後的身體變化讓我看到了希望，我相信，只要我堅持下來，我一定能恢復如初。

回顧32年來與病魔抗爭的路程，我一直很感恩上天讓我結識了陳氏太極拳。我吃了很多補品、藥品，嘗試了很多種理療方法，都沒能讓我的身體變得健壯，是陳氏太極拳養生功讓我的生命再次煥發出活力。

沒有陳氏太極拳養生功，我想現在的我根本不能如此愜意地享受生活。陳氏太極拳養生功，是我生命中的保護神，每天堅持修煉養生功，已成為我生活中不可缺少的一部分。我將自己的練拳經歷和練功的心得、體會介紹給我周圍的朋友們，得到了朋友們的一致好評和歡迎，每天和朋友們聚集在一起修煉陳氏太極拳養生功，已成為了我與朋友們一起最快樂的事情。

學員：王冬蘭

三、練拳煉人，拳練一生，健康一身

我叫張悅，藝名陳德悅，生於1964年，2008年6月正式拜陳正雷老師為師，現為陳正雷老師的入門弟子。

幾年前的一場大病中斷了我苦心經營的事業，出院回到家，看著醫生開出的一堆堆藥丸，想起醫生的叮囑：「必須終身服藥，否則會舊病復發而且會越發嚴重。」我的心沉至谷底。靠藥維持身體？我還年輕，就這樣度過餘生？我的生活還有什麼品質可言？人生還有出路嗎？那段時間我萬念俱灰、意志消沉，焦慮、無助時刻折磨著我，那個曾經意氣風發、發誓要幹出一番事業的我在疾病面前如秋風吹落的枯葉，隨風飄零。

一次偶然的機會，我來到社區的小遊園，看到那裡有許多老人在打太極。隨著舒緩的音樂，他們或練拳或舞劍，這番情景讓我心生羨慕，這些老人矯健的身姿讓我深有感觸，我的身體狀況連這些老人也不如啊！後來，我也加入了他們的隊伍，慢慢地接觸和練習起太極拳來。

一個黃昏，一位四十來歲的中年男子來到公園樹下，做了一些簡單的準備活動後打了一套拳，時而快，時而慢，時而剛，時而柔，我在一邊看呆了。太極拳不是用一個節奏打的嗎？拳還能這樣打？他打完後，我連忙上前問他：「你打的是什麼拳，怎麼和我們平常見到的不一樣呢？」他說：「這是陳氏太極拳。」我對這種不尋常的拳法產生了濃厚的興趣，只可惜自那以後那位男子就久不露

面了，可是我心底對陳氏太極拳的興趣卻越發濃厚，我開始去書店找這方面的書籍、光碟。

　　我找到了一盤「陳氏太極拳四大金剛」、「中國當代十大武術名師」陳正雷大師示範的老架一路的光碟，看到大師打的拳，我的心靈震撼了！什麼是行雲流水，什麼是天人合一，那一刻我彷彿明白了。然而對照著大師的光碟，我怎麼練都不對勁，那一招一式到底應該從哪裡學起才對呢？找不到入門途徑我很是迷茫困惑。

　　後來，聽說陳家溝陳氏太極拳館在烏魯木齊成立了，要開館授藝，我非常高興地報了名。從那以後，我終於找到了入門的途徑，慢慢地知道了什麼是纏絲勁等。在陳家溝太極拳館苦練了四個月以後，我的身體狀況明顯開始好轉，慢慢扔掉了醫生要求必須服用的藥物。到現在已經三年了，我再也沒有服用過那些藥物。

　　在拳館學習的三年時間裡，我基本掌握了陳氏太極拳的運動規律，系統學習了老架一路、老架二路、陳氏太極單劍、新架一路，還兩次慕名去往溫縣陳家溝尋根問源。在這三年裡，經過拳經和道德經的薰陶，我變了，我暴躁的脾氣逐漸變得平和，浮躁的性情也漸漸消失，代之以謙讓。丈夫說他終於擁有了一個好妻子，女兒也說我變了，變得越來越好，是最優秀的媽媽。

　　2008年6月，我非常榮幸地被陳正雷大師收為弟子。我從一個不能自保的人到現在變成了弘揚陳氏太極拳的傳人，為了報答陳氏太極拳賦予我的第二次生命，我願將自己的所學所能無私地奉獻給那些熱愛陳氏太極拳的人們，

在奉獻中體現自己的人生價值！

　　每次練完拳、舞完劍，那種放鬆和快樂總是無語言表，後來我又學習了中國最古老的聖人之器──古琴，希望用陳氏太極拳的拳法與古琴的音律配合讓我最大限度地體會天人合一的人生境界。

　　一套拳、一部道德經、一把古琴，擁有了它們，在這紛擾的世間，我始終覺得我是最富有的人！

弟子：陳德悅

四、靜觀塵世，感悟太極

　　暖暖的陽光透過窗格斑駁地落在身上，手捧書卷，靠著條椅，任思緒在書的海洋中蕩漾，偶爾抬頭，啜一口香茶。

　　窗外樹葉隨風徜徉，有人說樹葉只有一種姿態，可是我卻看到它們愜意地舒展著身體，葉尖上撐，葉梗下按，用最自然的姿態沐浴著陽光。呵，這不就是陳氏太極拳中的「白鵝亮翅」嗎？

　　漫步橋上，看著靜謐的湖水透著自己的倒影。有人說湖水永遠只是靜默，可我卻看到水波由靜默蕩漾開來，緩緩起伏。呵，這不就是陳氏太極拳中的「起勢」嗎？

　　不知道從什麼時候開始，我變得沉迷於別人消遣的途徑，追隨著別人討論的話題。但我過得不快樂，我心裡總

覺得缺了什麼，心靈彷彿也變得乾涸、委靡不振。

現在的我一直很懷念自己在書中咀嚼塵世百態，放逐智慧腳步的歲月。在那樣的歲月裡，我的內心既充實而又平靜。

閒暇時候安靜下來想寫點什麼，但發現靈感的原野卻變得如北國深冬般的荒蕪。曾經為了追求心靈的安靜，我獨自一人去感受草原上呼嘯而過的風，卻發現自己還是掙脫不了那份都市浮躁和喧囂。

本是抱著強身健體的心態而去學習太極拳，可是學習之後發現靈魂的從容與淡然再次得以慢慢蘊蓄。

每一次練拳，我的心都能變得沉靜。在那種沉靜中，我能感觸到更遼闊的世界，感覺自己就是滄海一粟，微弱、渺小；也就是在那種沉靜中，我能感觸到最真實的自己，我與我的世界融為一體，這世界是我自己內心的世界，傍托寧靜的心境而生。

心靈得以寧靜，行事亦不再浮躁。放之則彌六合，捲之則退藏於心。進退得宜才是做人的最高境界。

練拳之後的我遇到再不平的事情，也不會跟別人針鋒相對。淡然一笑，何必多做糾纏？工作學習中遇到繁重困難的事情，亦不煩躁，靜下心來一點點便能做好，每當做好後，卻又發現，原來蠶食鯨吞才是踏實。

行走於世，常常想，人活一輩子，到底是為了什麼。總覺得人活一輩子，不是為錢，不是為名，也不是為利，在這一輩子的經歷中獲得智慧，那才是屬於自己的真正的財富。

每個人的一生都在經歷著，只有擁有一顆寧靜淡然的心，才能去真正總結自己的智慧。

無極太虛氣中理，太極太虛理中氣。
乘氣動靜生陰陽，陰陽之分為天地。
未有宇宙氣生形，已有宇宙形寓氣。
從形究氣曰陰陽，即氣觀理曰太極。

玉竹瀟湘

練陳氏太極拳，享健康人生

五、陳氏太極拳傳承表

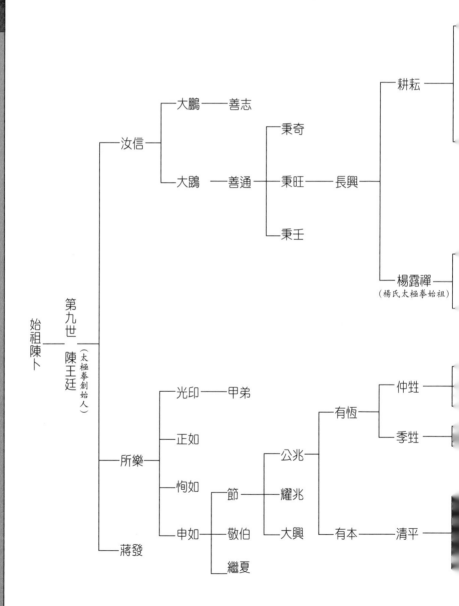

始祖陳卜 —— 第九世 陳王廷（太極拳創始人）

汝信 —— 大鵬 —— 善志

大鵾 —— 善通 —— 秉奇

秉旺 —— 長興 —— 耕耘

楊露禪（楊氏太極拳始祖）

秉壬

所樂 —— 光印 —— 甲弟

正如

恂如

申如 —— 節 —— 公兆 —— 有恆 —— 仲牲

季牲

耀兆

大興

有本 —— 清平

敬伯

繼夏

蔣發

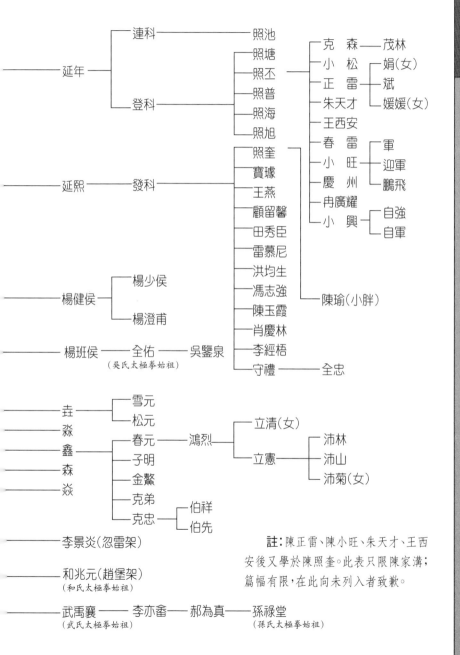

```
            ┌── 連科 ──────────── 照池
            │                    照塘         ┌── 克　森 ── 茂林
  ── 延年 ──┤                    照丕 ────────┤  小　松 ─── 娟(女)
            │                    照普         │  正　雷 ─── 斌
            └── 登科 ──────────┤ 照海         │  朱天才 ─── 媛媛(女)
                                照旭         │  王西安
                                             │  春　雷 ──── 軍
            ┌── 發科 ──────────┤ 照奎         │  小　旺 ──── 迎軍
  ── 延熙 ──┘                    寶璩         │  慶　州 ──── 鵬飛
                                王燕         │  冉廣耀
                                顧留馨       │  小　興 ──┬── 自強
                                田秀臣       │           └── 自軍
                                雷慕尼
                                洪均生
  ── 楊健侯 ──┬── 楊少侯        馮志強
              └── 楊澄甫        陳玉霞 ──────── 陳瑜(小胖)
                                肖慶林
  ── 楊班侯 ── 全佑 ── 吳鑒泉    李經梧
               (吳氏太極拳始祖)  守禮 ──────── 全忠

            ┌── 雪元
  ── 垚 ────┤ 松元
  ── 淼      │ 春元 ── 鴻烈 ──┬── 立清(女)
  ── 鑫 ────┤ 子明             │              ┌── 沛林
  ── 森      │ 金鰲             └── 立憲 ──────┤ 沛山
  ── 焱     ┤ 克弟                              └── 沛菊(女)
            └── 克忠 ──┬── 伯祥
                        └── 伯先

  ── 李景炎(忽雷架)

  ── 和兆元(趙堡架)
     (和氏太極拳始祖)

  ── 武禹襄 ── 李亦畬 ── 郝為真 ── 孫祿堂
     (武氏太極拳始祖)                (孫氏太極拳始祖)
```

註：陳正雷、陳小旺、朱天才、王西安後又學於陳照奎。此表只限陳家溝；篇幅有限，在此向未列入者致歉。

國家圖書館出版品預行編目資料

正宗陳氏太極拳養生功 ／ 陳斌　著
——初版，——臺北市，大展，2016〔民105.11〕
面；21公分 ——（陳式太極拳；6）
ISBN 978-986-346-136-4（平裝附數位影音光碟）
1. 太極拳
528.972　　　　　　　　　　　　　　　　105017148

正宗陳氏太極拳養生功 附 DVD

著　　　者／陳　斌
責任編輯／郭　瑩　靈智
發 行 人／蔡　森　明
出 版 者／大展出版社有限公司
社　　　址／台北市北投區（石牌）致遠一路2段12巷1號
電　　　話／（02）28236031・28236033・28233123
傳　　　眞／（02）28272069
郵政劃撥／01669551
網　　　址／www.dah-jaan.com.tw
E - mail ／service@dah-jaan.com.tw
登 記 證／局版臺業字第2171號
承 印 者／傳興印刷有限公司
裝　　　訂／眾友企業公司
排 版 者／弘益電腦排版有限公司
授 權 者／遼寧科學技術出版社
初版1刷／2016年（民105年）11月

定 價 ／350元